Bericht
über die vierte Tagung über Psychopathenfürsorge
Düsseldorf
24.—25. September 1926

Berlin 1927
Verlag von Julius Springer

ISBN-13: 978-3-642-94054-5 e-ISBN-13: 978-3-642-94454-3
DOI: 10.1007/978-3-642-94454-3
Herausgegeben vom
Deutschen Verein zur Fürsorge
für jugendliche Psychopathen E.V.
Berlin W 9, Linkstraße 22.
Softcover reprint of the hardcover 1st edition 1927

Vorwort.

Die diesjährige Tagung des Deutschen Vereins zur Fürsorge für jugendliche Psychopathen fand in Düsseldorf statt. Maßgebend für die Wahl dieses Ortes war einerseits die Mitwirkung des Vereins bei der Abteilung „Soziale Fürsorge" an der Gesolei, andererseits Zusammenarbeit und Gedankenaustausch mit dem Deutschen Verein für Psychiatrie und der Neurologischen Gesellschaft, welche gleichzeitig am gleichen Orte tagten.

Mit der wissenschaftlichen Bearbeitung des von ihm gepflegten Gebietes, auf welche der Verein von vornherein besonderen Nachdruck legt, ergaben sich auch innigere Beziehungen zu den genannten Vertretern der medizinischen Disziplin. Der Verein hat dieser Richtung nicht nur durch Berufung einzelner Neurologen und Psychiater in den Vorstand Rechnung getragen, sondern legt auch in seiner praktischen Arbeit den größten Wert auf die Beteiligung von Fachärzten. So konnten wir es mit Genugtuung empfinden, daß der Vertreter der medizinischen Akademie von Düsseldorf am Begrüßungsabend die Verdienste des Vereins um die wissenschaftliche Erforschung der Psychopathie besonders hervorhob.

Unter diesem Gesichtspunkt ist auch ein Hauptreferat der Tagung, das Thema „Haltlose Psychopathen", an Prof. Dr. *Kramer* übertragen worden. Wir haben damit nicht nur einen Kernpunkt der Psychopathenfrage zur Diskussion gestellt, sondern sind auch auf einem in der letzten Konferenz (Berlin 1925) betretenem Wege fortgeschritten, nämlich der Vorbereitung des Verwahrungsgesetzes.

Auch der zweite Hauptgegenstand der Tagung wurde von einem Mitgliede des Vereins aus dem Kreise der Neurologen behandelt. Prof. *Homburger* führte in lichtvoller Rede mit überzeugenden Ausführungen vor ein Zukunftsbild praktischer Tätigkeit und wies neue Wege, geistiger Not zu steuern.

Aus dem praktischen Gebiete, in welches *Homburgers* Ausführungen hinübergeleitet hatten, wurde von *R. v. der Leyen* eine eminent wichtige, aber bisher noch nicht zur Diskussion gestellte Frage behandelt; die Erholungsfürsorge für Psychopathen ist eine fast selbstverständliche Aufgabe, deren Lösung aber mit den größten praktischen Schwierigkeiten verbunden ist. So fand auch dieser Vortrag den weitesten Nachhall, und aus der Diskussion ergaben sich bedeutsame Winke für die praktische Durchführung der Aufgabe.

Die überraschend große Teilnahme, welche uns dazu zwang, mitten in der Verhandlung einen größeren Vortragsraum zu wählen, zeigte das vielseitige Interesse für unsere Bestrebungen; tatsächlich mußte auch der unvoreingenommene Hörer den Eindruck gewinnen, daß der Verein ein Gebiet bearbeitet, welches nicht ohne Schaden unter andere Organisationen aufgeteilt werden kann, das vielmehr Sonderaufgaben stellt, die am besten der Lösung zugeführt werden, wenn sich eine besondere Gruppe fachlich gebildeter Persönlichkeiten ausschließlich ihnen widmet.

Flehingen i. B., im Dezember 1926.

Prof. Dr. **Gregor,**
2. Vorsitzender.

Inhaltsverzeichnis.

Seite

Vorwort III

Lewin, Kurt, Berlin-Tempelhof: Filmvortrag über Trieb- und Affektäußerungen psychopathischer Kinder (verglichen mit Normalen und Schwachsinnigen) 1

Homburger, August, Heidelberg: Fürsorge für psychopathische Kinder und Jugendliche aus dem gebildeten Mittelstand 7

Kramer, F., Berlin: Haltlose Psychopathen 35

v. der Leyen, Ruth, Berlin: Erholungsfürsorge für psychopathische Kinder und Jugendliche 94

Filmvortrag über Trieb- und Affektäußerungen psychopathischer Kinder (verglichen mit Normalen und Schwachsinnigen).

Kurzer Bericht[1]).

Von

Dr. **Kurt Lewin** - Berlin - Tempelhof.

Der Film[2]) ist im Zusammenhang mit gewissen Forschungsproblemen entstanden. In seiner vorliegenden Form will er jedoch ein *Demonstrationsfilm* für einen breiteren Kreis von Personen sein, also nicht dem Psychiater Neues sagen. Für die *experimentelle Psychologie* allerdings enthielt er wichtige und keineswegs einfache Aufgaben.

Da das psychopathische Verhalten nicht schauspielerisch durch Erwachsene oder Kinder dargestellt werden, sondern „echte" psychopathische Geschehnisse festgehalten werden sollten; da ferner die aufzunehmenden Ereignisse aus filmtechnischen Gründen in zeitlich und räumlich relativ eng begrenzter Ausdehnung vor sich gehen müssen, so war es notwendig, gewisse für die kindliche Psychopathie charakteristische Geschehensabläufe als natürliche Folgen willkürlich gesetzter Situationen hervorzurufen, d. h. also sie *experimentell* zu erzeugen.

Die psychopathischen Eigentümlichkeiten wären experimentell und filmisch relativ leicht zur Darstellung zu bringen, wenn die Psychopathie ähnlich wie der Schwachsinn eine „*Leistungs*verschlechterung" auch bei relativ kurzen Arbeiten nach sich ziehen würde. Aber ebenso wie der kindliche Psychopath eine normale oder sogar übernormale Intelligenz besitzen kann, pflegen auch seine übrigen „Fähigkeiten" für eine zumindest nicht zu lange ausgedehnte Arbeitsleistung völlig auszureichen, wenn nur die *innere Anspannung* genügend stark ist. Bei Aufgaben in einer Versuchssituation pflegt sich aber eine solche Anspannung ohne weiteres einzustellen.

[1]) Eine ausführliche Darstellung ist in der Zeitschr. f. Kinderforsch. *32*, 4, S. 414—447 erschienen.

[2]) Der Film geht auf eine Anregung von Fräulein *v. der Leyen* vom Deutschen Verein zur Fürsorge für jugendliche Psychopathen e. V. zurück und ist im wesentlichen mit den Mitteln dieses Vereins durchgeführt worden.

Der als Psychopathie bezeichnete Umkreis an sich relativ verschiedener psychischer Anomalien ist durch Verschiebungen auf dem Gebiete des Willens-, Trieb- und Affektlebens gekennzeichnet. Wesentlich für ihn sind also nicht Veränderungen der „Fähigkeiten“ im engeren Sinne, sondern der „*Neigungen*“, der Triebhaftigkeit, der Dynamik des affektiven Geschehens. Auch in dieser Hinsicht sind jedoch die Veränderungen gegenüber den Normalen nicht derart, daß z. B. der einzelne, isolierte Affektausbruch einen unverständlichen pathologischen Eindruck macht (resp. wo ein auch isoliert als pathologisch anmutendes Phänomen auftritt, ist es nicht das Wesentliche).

Überdies muß es, wenn für die Psychopathie nicht ein bestimmter Krankheits*effekt* als solcher charakteristisch ist, sondern wenn Veränderungen der psychischen *Konstitution* vorliegen, als wissenschaftlich wesentlichere Aufgabe angesehen werden, den Veränderungen in der *allgemeinen Dynamik* des Psychopathen gerade bei den alltäglichen psychischen Prozessen nachzugehen, als irgendwelche „Extremphänomene“ festzuhalten.

Erst wenn man die Verschiedenheit der inneren *Situation* berücksichtigt, in der es einerseits beim normalen Kinde, andererseits beim psychopathischen Kinde zur gleichen affektiven Reaktion kommt, zeigt sich der Unterschied. Aber auch dieser Unterschied noch ist fließend und in vieler Hinsicht graduell. Daher lassen sich die Charakteristika des Psychopathen in dem hier in Frage kommenden Rahmen erst an der *vergleichenden* Gegenüberstellung seines Benehmens zum Benehmen normaler und schwachsinniger Kinder in gleichen Situationen demonstrieren.

Es kam also darauf an, relativ kurz ausgedehnte Geschehensverläufe experimentell zu veranlassen, in denen die Struktur der seelischen *Dynamik*, des Entstehens und der Auswirkung seelischer Spannungen in Neigung, Triebhaftigkeit und Affektivität in natürlicher Weise zum Ausdruck kam. Dabei mußte es sich bei den verschiedenen Kindern um psychisch vergleichbare Situationen handeln, bei denen auch *graduelle* Verschiedenheiten der Struktur und des dynamischen Aufbaues der seelischen Spannungen und Entspannungen sichtbar und faßbar werden.

Die experimentelle Trieb- und Affektpsychologie befindet sich derartigen Aufgaben gegenüber noch ganz in den Anfängen[1]). Die Aufnahmen stützen sich zum größten Teil auf noch unveröffentlichte Versuche.

1. Turnen und Spiel.

Der Film zeigt zunächst psychopathische und normale Kinder beim gemeinsamen Turnen. Es sind Übungen gewählt, bei denen man beson-

[1]) Vgl. *Giese*, Handbuch der Psychotechnik. Ferner: *Eliasberg*, Psychologie und Pathologie der Abstraktion. Eine experimentelle Untersuchung über aufgabefreie Beobachtungsvorgänge. Zeitschr. f. angew. Psychol. Bd. 35.

ders ausgeprägte Willensanspannungen erwarten sollte: exaktes *Kommandoturnen* und *Dauerfreiübungen*, die starke Anforderungen an die Ausdauer stellen. Auch bei diesen, den Willen unmittelbar berührenden Aufgaben ergeben sich in der Leistung keine faßbaren Unterschiede zwischen den psychopathischen und den normalen Kindern. Dagegen zeigen sie in den „aufgabefreien" Pausen relativ deutliche Verschiedenheiten. Die Psychopathen sind wesentlich unruhiger.

Als zweite Beherrschungsübung wird das *Jonglieren* mit einer Stange auf der Hand gezeigt. Die Kinder benehmen sich normal, während das Benehmen eines Schwachsinnigen deutlich herausfällt. Auch die Beherrschungsaufgabe, möglichst lange still zu stehen (die in den Vorführungsfilm nicht aufgenommen wurde), zeigt keine merkbaren Unterschiede zum Normalen.

In der halbfreien Situation des *Völkerballspiels* ergeben sich wiederum keine ausgesprochen psychopathischen Züge. Das Benehmen einiger Kinder (Erika und Heinz), die mehr markieren als mitmachen, wird deutlich.

Als Abschluß dieses Teils zeigt der Film *Großaufnahmen* der einzelnen psychopathischen Kinder. Bei einigen fällt eine ausgesprochene Diskrepanz zwischen Lebensalter und Habitus auf.

2. *Affektive Prozesse.*

Will man, wie hier notwendig ist, die besondere Art des Auf- und Abbaues seelischer Spannungen beim Affektgeschehen zeigen und nicht besondere Formen des Affekt*ausdruckes*, so hat es nur sehr beschränkten Wert, der betreffenden Person in der Art der üblichen Affektversuche etwas angenehm oder unangenehm Schmeckendes zu verabreichen oder sie etwa mit einer Nadel zu stechen. Es ist vielmehr notwendig, eine Reihe von Situationen aufzubauen, an denen sich die Struktur der inneren Dynamik zeigen kann.

Der Film greift einige wenige ausgesprochen psychopathische Kinder heraus.

Der Versuch: „*Überraschung und Enttäuschung*": Dem Kind wird ein Umschlag überreicht, der ein Stück Schokolade enthält. Nach dem Auspacken und Verzehren bekommt es einen zweiten Umschlag, in dem sich nur ein zusammengeknülltes Stück Papier befindet, und schließlich erhält es zum Trost einen dritten Umschlag mit einer Spielsache. Die *normalen* Kinder *Wawi* (4 Jahre) und *Marianne* (5 Jahre) zeigen ausgesprochene Enttäuschung beim zweiten Umschlag. Aber, obschon das eine Kind dem Weinen nahe ist und das andere innerlich voller Wut, bleibt der Affektausdruck durchaus beherrscht: Es kommt nur zu einem „*verdeckten*" Affekt (etwas verzerrtes Lachen; scheinbar spielerisches Entfernen der Papierkugeln, statt wütendem Wegwerfen).

Der 6jährige psychopathische *Walter*, ein äußerst schwer zu disziplinierender, kleiner, blasser Junge, bei dem man nicht sicher ist, ob nicht auch Schwachsinn vorliegt, fällt durch das Fehlen der normalerweise einsetzenden Spannungen auf. Nach einer kurzen Enttäuschung beim zweiten Umschlag miauzt er sogleich wieder freundlich. Als Komplementärerscheinung zu dieser flachen Spannung scheinen Geschehnisse, die einmal in Gang gekommen sind, bei ihm eine besonders starke Tendenz zu haben, sich rein trägheitsmäßig fortzusetzen: ein Sichabwenden geht in ein etwas zielloses Fortlaufen über, beim Anfassen von ein paar an Schnüren aufgehängten Brezeln kommt er unwillkürlich in eine Art Rundlaufbewegung und führt diese, statt die Brezeln herunterzureißen (Fehlen der normalen Spannungen) eine ungewöhnlich lange Zeit durch.

Die 12jährige psychopathische *Erika*, die außerordentlich triebhaft und sexuell erregbar ist, zeigt der Film zunächst beim Balancieren auf einer dicht über dem Boden liegenden Leiter. Daß Erika sich gegen die an sich leichte Aufgabe sträubt, möchten wir dabei weniger als charakterisitisch ansehen als die extrem weiche und unentschlossene Art ihres Benehmens, die in krassem Gegensatz zu dem Benehmen einer im Film gezeigten 8jährigen Normalen steht, wo die Unentschlossenheitsstadien bei einer viel schwereren Aufgabe nur wenige Sekunden dauern. Erikas Unentschlossenheit ist nicht etwa ein Schwanken zwischen Ja- und Nein-Stadien, sondern ein weicher Widerstand, mehr markiert als ernsthaft. Nach dem Balancieren folgt ein rascher Umschlag aus einer völlig deprimierten in eine prahlerische Stimmung.

Im Versuch „Überraschung und Enttäuschung" fällt es auf, wie Erika schon beim Auspacken des ersten Paketes durch zwischengeschobene affektive Ausbrüche den eigentlichen Moment des Bekommens des erwarteten Gegenstandes immer wieder hinauszögert und damit die Phase der *Vorfreude* außerordentlich verlängert. Ferner ist charakteristisch, wie unbeherrscht und unverdeckt auch kleinere affektive Spannungen bei ihr unmittelbar zum Durchbruch, zur Affekt*äußerung* führen.

Auch für die normalen Kinder ist es durchaus typisch, daß sie das ausgepackte Schokoladenei nicht sogleich aufessen. Bei Erika nun ist der Widerstand gegen das Beenden der Besitzperiode durch den entschiedenen Schritt des Verzehrens so zum Extrem gesteigert, daß es zu einer sich über 1 Stunde hinziehenden Szene mit stärksten Affektausbrüchen kommt. (Auch sonst pflegt Erika sich Näschereien viele Monate lang aufzuheben.) Allerdings geht die Heftigkeit des „Ausdrucks" über die Stärke der auftretenden Spannungen noch wesentlich hinaus: Wiederum ist, an den Äußerungen gemessen, die Erregung in Wirklichkeit flach, der Widerstand weich und markiert.

Die „motorische Unruhe“ bei Erika und Walter bedeutet demnach psychisch etwas Verschiedenes: bei Walter laufen einmal eingeleitete motorische Geschehnisse infolge der Schwäche der Spannungen und der Anreize aus der Umwelt einfach weiter, bei Erika handelt es sich um eine Unruhe, die aus starken, zu wenig beherrschten Spannungen fließt.

Im Versuche Überraschung und Enttäuschung zeigt der Film noch zwei weitere psychopathische Kinder: den 13jährigen *Erwin* und den 12jährigen *Horst*. Auch Horst ist affektiv leicht erregbar, dabei aber äußerlich wohlerzogen (Handkuß, Hacken zusammen). So nehmen seine unbeherrschten Affektäußerungen (im Gegensatz zu der mit dem ganzen Körper agierenden Erika) die Form stark isolierter Unruhebewegungen, z. B. mit den Händen an.

3. Triebhafte Prozesse.

Der Film zeigt vergleichend das Benehmen normaler und psychopathischer Kinder gegenüber Dingen, die für die Kinder den Charakter einer Lockung, eines Anreizes, kurz einen „Aufforderungscharakter“ besitzen. Auf einer Bank stehen eine Reihe von Spielsachen. Das Kind hat eine kurze, für den Versuch an sich unwesentliche Aufgabe an der Bank zu erledigen. Der Versuchsleiter entfernt sich unter einem Vorwand[1]). Es wird die Beherrschung beim Herangehen an die Spielsachen beobachtet, ferner die Art der Beschäftigung mit ihnen, die Schnelligkeit des Überganges von einem zum andern.

Bei dieser Anordnung spielt die Gesamtsituation, z. B. der Grad der Vertrautheit mit dem Ort des Versuches eine große Rolle. Auf Vergleichbarkeit in dieser Hinsicht ist also besonderes Gewicht zu legen.

Das 12jährige normale Mädchen Lotte geht, wie es für normale Kinder in dieser Situation die Regel bildet, trotz ihres lebhaften Interesses für die Spielsachen an die fremden Spielsachen erst heran, als sie ausdrücklich dazu aufgefordert wird. Dann vertieft sie sich mit großer Ausdauer in die einzelnen Gegenstände. Auch die Art, wie sie von dem einen Spiel zum andern geht, z. B. von der Eidechse zum Stehaufmännchen, zeigt ein Geschehen mit allmählichen, sinnvollen Übergängen.

Die psychopathische 12jährige Erika läuft der Versuchsleiterin schon beim Hinkommen zu der Anordnung fort und stürzt zu einem der Gegenstände, einem Topf mit einem Deckel: eine unbeherrschte, triebhafte Reaktion, wie wir sie bei diesem Versuch sonst noch nie beobachtet haben. Kaum ist dann die „Aufgabe“ erledigt, so greift Erika sofort zu den Spielsachen, und ohne bei irgendeiner Spielsache auszu-

[1]) Der Versuch schließt sich Experimenten von Dr. *Fränkel* über Aufforderungscharaktere an.

harren geht sie sprunghaft, übergangslos und im raschesten Wechsel von einem Spiel zum anderen. Zahlenmäßig zeigt sich diese Hemmungslosigkeit darin, daß sich die durchschnittlichen Beschäftigungszeiten pro Gegenstand bei Erika und Lotte wie 1 : 10 verhalten.

Auch bei diesem Versuch kontrastiert also die Stärke der Triebhaftigkeit mit der „Oberflächlichkeit" der Triebe.

In dem krassen, rasch und abrupt auftretenden Wechsel von einem Spiel zum anderen kommt die gleiche Fähigkeit und Tendenz Erikas zum Ausdruck, leicht und übergangslos aus einer Situation in eine andere zu gehen, die sich in dem raschen Umschlag der affektiven Stimmung zwischen Freude und Ärger, zwischen Freundlichkeit und Schmollen bei dem Versuch „Überraschung und Enttäuschung" gezeigt hat. Die Schutzlosigkeit Erikas gegen affektive Berührungen ihres Ichs schon durch geringfügige Erlebnisse (Empfindsamkeit), die Triebhaftigkeit gegenüber äußeren Anreizen (Aufforderungscharakteren) und die motorische Heftigkeit und Unbeherrschtheit des Abflusses ihrer inneren Spannungen und die Haltlosigkeit und extreme Unentschlossenheit im Balancierversuch deuten auf die gleiche charakteristische Eigenschaft ihrer seelischen Struktur: auf eine geringe seelische Tiefenschichtung und eine geringe Abgeschlossenheit der verschiedenen seelischen Systeme gegeneinander.

Der Film zeigt noch einige andere psychopathische Kinder bei den Aufforderungscharakteren und zum Schlusse einen *Schwachsinnigen* bei dem gleichen Versuch. Die einzelne Affektäußerung der psychopathischen Kinder hatte, auch wo sie graduell von dem Verhalten der normalen Kinder in der gleichen Situation erheblich abwich, nirgends an sich den Habitus eines pathologischen Geschehens. Dagegen fällt das pathologische Verhalten des imbecillen Kindes ohne weiteres in die Augen. Es wird von den Spielsachen angezogen, aber es kommt nicht zu einem wirklichen Spielen mit ihnen, sondern nur zu einem sich allmählich steigernden plump-tolpatschigen Hinundherspringen von einem Bein auf das andere. Diese sich steigernden hyperkinetischen Bewegungen, die allenfalls eine entfernte Verwandtschaft mit Freudensprüngen zeigen, machen (im ausgesprochenen Gegensatz zu allen vorangegangenen Äußerungen der psychopathischen Kinder) durchaus den Eindruck eines unverständlichen pathologischen Gehabes.

Fürsorge für psychopathische Kinder und Jugendliche aus dem gebildeten Mittelstand.

Von

Professor Dr. med. **August Homburger**-Heidelberg.

Es liegt in der geschichtlichen Entwicklung der deutschen Jugendfürsorge begründet, daß die in ihr zusammengefaßten Bestrebungen zuerst und auch heute noch ganz überwiegend an den ursprünglichen Leitgedanken der sozialen Gesetzgebung sich anlehnen, dem Wohl der wirtschaftlich und sozial schwächeren breiten Bevölkerungskreise zu dienen, die nach der Schichtung der Vorkriegszeit Gegenstand der Arbeiterschutzgesetzgebung im weitesten Sinne gewesen sind.

Die Industrialisierung Deutschlands, die innerdeutsche Bevölkerungsverschiebung zwischen Land und Stadt, Kleinstadt und Industriezentren, die Vermehrung im Zusammenhang hiermit der unständigen und unseßhaften Gelegenheitsarbeiter, das Einströmen der Frauen in den wirtschaftlichen Erzeugungsprozeß — alle diese Vorgänge haben es mit sich gebracht, daß ein Teil der Sorge für die heranwachsenden Kinder und Jugendlichen aus der Hand der Eltern, insbesondere der Mütter, in die Hand fremder Menschen überging, welche die Notwendigkeit erkannten, hier helfend zugunsten der Kinder einzugreifen. So entstanden in den 80er Jahren eine große Zahl von Vereinen zur Gründung und Unterhaltung von Krippen und Kinderhorten, und auf dieser Grundlage erwuchs allmählich die Bewegung des Kinderschutzes. Daneben lief in den nach Besitz und Bildung gehobenen Schichten eine Erneuerung und Verbreitung der an den Namen und die Lehren *Fröbels* sich knüpfenden Kindergartenbewegung, für die ja nach langem Verbote erst 1861 in Preußen die Betätigung wieder freigegeben worden war.

Insoweit die Kinder*fürsorge* in den Aufgabenkreis des öffentlichen Wesens einbezogen war, oblag sie der Armenbehörde und den Gemeindewaisenräten und, soweit die *Erziehung* in Frage kam, der Schule.

Da mit der Übernahme öffentlicher Pflichten dem Staate und seinen Gliedorganen stets auch Rechte zufallen, deren Ausübung zugleich den Charakter der Verantwortlichkeit trägt, erweiterten sich die Aufsichtsrechte und mit ihnen der Einblick in die Zustände und Mißstände der Erziehung. Das Ergebnis war die Kenntnis der Verwahrlosung als einer sozialen Massenerscheinung und das Bedürfnis, ihre Formen, ihre Entstehungsbedingungen, ihre Folgen und ihren Umfang zu studieren.

Ich darf als bekannt voraussetzen, wie sich allmählich die Einsicht Bahn brach, daß neben den sozialen auch psychologische Momente die Verwahrlosung bedingen, und daß sich in jedem einzelnen Falle ein Urteil über die Entstehung, die Verhütungsmöglichkeit und die Tragweite nur aus der Ergründung von Anlage *und* Umwelteinflüssen gewinnen läßt. So bekamen einerseits die Begriffe der Bekämpfung und Verhütung eine klarere und schärfere Bestimmung, wurde es andererseits bedeutsam, unter den verwahrlosten und gefährdeten Kindern normal und abnorm veranlagte zu unterscheiden. Die Methoden hierfür wurden von der Psychiatrie hinzugebracht, deren Forschungs- und Beurteilungsweisen heute zu dem unentbehrlichen Rüstzeug der Jugendfürsorge gehören. Die planmäßige Durcharbeitung des Kindermaterials hat uns die Tatsache enthüllt, daß etwa die Hälfte aller der Fürsorgeerziehung bedürftigen Kinder geistig in irgendeinem Sinne, sei es der geistigen Schwäche, sei es dem der psychopathischen Veranlagung, regelwidrig sind. Damit tauchte das Problem der Fürsorge für psychopathische Kinder und Jugendliche als eine besondere Aufgabe innerhalb des weiten Gebietes der Kinder- und Jugendfürsorge auf, und je geschärfter unser Blick für die Bedeutung dieses Problems wurde, um so dringender wurde das Bedürfnis, zu seiner Lösung ein Organ zu schaffen. Es ist unsere Vereinigung, die hierin ihren Zweck und ihre Aufgabe erblickt.

Greifen wir nun auf die vorhin gemachte Feststellung zurück, daß mit der Übernahme öffentlicher Rechte und Pflichtaufgaben dem Staate auch neue Verantwortungen zufallen, und fügen wir hinzu, daß das Bedürfnis nach einer organisierten Psychopathenfürsorge nicht nur in unseren Augen, die wir uns ihr widmen, dringender *erschien*, sondern daß die veränderten Zeitumstände es bewirkten, daß sie in der Tat immer bedeutsamer wird. Welches sind diese veränderten Zeitumstände?

Es bedürfte einer psychologischen Analyse nicht nur der Wirkungen des Krieges, der Staatsumwälzung, der wirtschaftlichen Krisen, sondern auch einer Verfolgung der Veränderungen in der seelischen Struktur, im seelisch-geistigen Aufbau der Jugend, ihrer Gefühlswelt, ihrer Stellungnahmen, ihrer Forderungen und Bedürfnisse schon von der Vorkriegszeit her, und es bedürfte ferner der Inbeziehungsetzung aller dieser seelischen Momente zu der Denk-, Lebens- und Äußerungsweise der Erwachsenen im gleichen und in größerem Zeitraum, um das Gefüge dieser Gesamtveränderung zu durchschauen. Dieser sozialpsychologische Fragenkreis geht aber bei weitem über den Umfang unserer heutigen Aufgabe hinaus.

Aber über eine Sonderfrage müssen wir uns einige Klarheit verschaffen, und diese lautet: Wie kommt es, daß nicht etwa für eine einseitige Betrachtung, sondern ganz unbestreitbar tatsächlich, innerhalb dieser Wandlungen, die regelwidrig Veranlagten, die Psychopathen zu einer solchen Rolle gelangt sind? Daß sich ihre Zahl vermehrt hat, davon kann natürlich keine Rede sein. Wohl aber davon, daß einerseits das Besondersartige, das Differenzierte und andererseits das Krankhafte und Kränkliche praktisch an Bedeutung gewann und sich die Zuwendung der Aufmerksamkeit deshalb erzwang, weil das Allgemeininteresse sich dem Seelischen überhaupt wieder in betonter Weise zuwendete, entsprechend einem durchgängigen Zuge der Geistigkeit unserer Zeit. Inwieweit diese Zuwendung und Empfänglichkeit einem Bedürfnis nach Vertiefung, inwieweit sie einem solchen nach Sensation entspricht, kann hier nicht verfolgt werden, es muß genügen, auf diese beiden Wurzeln, die aber nicht die einzigen sind, hinzuweisen.

Der Zuwendung zum Seelischen überhaupt entspricht nicht nur eine Verfolgung der psychologischen Seite von *Massen*bewegungen und Erscheinungen neben der wirtschaftlichen, sondern auch die Richtung auf den *Einzelmenschen*, der in seiner Besonderheit bei der zahlenmäßigen Erfassung dieser Erscheinungen und in ihrer theoretischen und ordnenden Betrachtung nicht sichtbar wird. Diese Beachtung und Heraushebung der Einzelnen nennt man gewöhnlich Individualisierung, und man will damit zugleich sagen, daß, wenn die theoretische Erfassung einer Erscheinung in erster Linie eine Forderung der Wissenschaft, die individuelle Erfassung in erster Linie eine solche des praktischen Lebens ist, mit anderen Worten, eine Notwendigkeit.

Individuelles wird nun um so leichter bemerkbar, je differenzierter es ist, je mehr einzelne oder mehrere seiner Eigenschaften oder seine Gesamtgestalt, seine Eigenart sich, eben eigenartig, aus der Hauptmasse herausgehoben haben. Daß dies bei den Psychopathen der Fall ist, ist genügend bekannt. Doch ist dies nicht so zu verstehen, daß durch Differenziertheit nur der Psychopath bemerkbar wird, oder daß der Psychopath nur durch Differenziertheit bemerkbar wird. Durch Differenziertheit macht sich auch der hochbegabte Nichtpsychopath bemerkbar, während der gemütlose und brutale Psychopath gerade durch Undifferenziertheit auffällt. Von den vielartigen Beziehungen des Individualisierungsproblems zu dem der Differenziertheit beansprucht hier aber vornehmlich eine unsere Aufmerksamkeit, nämlich die Beziehung zu Besitz, Bildung und Psychopathie.

Bildung bedeutet die Richtung auf Geistiges und Seelisches als die innerlich bestimmenden Werte der Lebensgestaltung. In diesem Sinne bewirkt Bildung Differenziertheit. Die vielseitige Beschäftigung mit den Gegenständen des Wissens, *insoweit sie den Anlagen entspricht*, sucht diese von den verschiedensten Seiten her zu entwickeln und die Differenzierung nach den verschiedensten Seiten hin in Gang zu bringen und zu halten. Eine der wesentlichsten und vielleicht die ausschlaggebendste Seite des Differenzierungsvorgangs, ohne die eine seelisch differenzierte Persönlichkeit nicht denkbar ist, mag das Wissen um Außendinge noch so reichhaltig sein, ist das *Wissen um sich selbst*. Ich habe diese Frage auf dem 2. Heilpädagogischen Kongreß in München vor 2 Jahren eingehend erörtert und darf hier auf diesen Vortrag verweisen.

Wir kamen damals zu dem Ergebnis, daß es auf der Grundlage des vertieften und verfeinerten Wissens um sich selbst seelische Differenziertheit auch bei geringer formaler Bildung gibt. Wir stellten ferner fest, daß es zwar eine qualitative Differenzierung des Intellektes und des Gemütslebens gibt, aber hinsichtlich des Willens nur Abwandlungen der Stärke und der Kraft. Wissen um sich selbst entsteht nun auch aus dem Wissen um die Unterschiedenheit von anderen, aus Vergleichserlebnissen, aus Konflikten, aus Bewährung und Versagen gegenüber irgendwelcher Anforderung des Lebens. Das Wissen im Sinne der Bildungsergebnisse, von denen wir vorhin sprachen, und seine Verarbeitung bestimmt den geistigen und seelischen Raum, dessen Größe wie dessen besondere Ausgestaltung, in den dieses Wissen um sich selbst hineingestellt ist, und bestimmt damit den Reichtum der möglichen Beziehungen.

Die Stellung des Besitzes zur Bildung ist nicht durch sein Vorhandensein schlechthin bestimmt. Die Art des Erwerbs, das innere Verhältnis zum Besitz, seine Bewertung und Zweckbestimmung, nicht zum wenigsten sein Alter, haben maßgebende Bedeutung. Insoweit Besitz nicht Reichtum, sondern Existenzsicherheit bedeutet, d. h. das Hinaustretenkönnen aus der Enge bescheidenster Lebensnotwendigkeit und der täglichen Sorge in die freie Verfügbarkeit von Zeit und Wirken zur freien und unbedrückten Hingabe an Geistiges, zur Beschaffung von Bildungsmöglichkeiten und zur Unterhaltung des Umgangs mit auf Geistiges gerichteten Menschen, insoweit ist Besitz eine Grundlage der Bildung und ihrer Erhaltung.

Die Geistigkeit des gebildeten Bürgerstandes in Deutschland von den 60er Jahren bis zur Jahrhundertwende war von diesem äußerlich anspruchslosen, in der Lebensführung am besten mit dem Worte „gediegen" bezeichneten Sinn für Qualität im Bewußtsein der Daseinssicherheit getragen. Nicht als ob in dieser Art von Bürgerlichkeit gerade ideale Bedingungen zur *Steigerung* des geistigen Lebensinhaltes gegeben gewesen wären, das war in vieler Hinsicht mitnichten der Fall, sondern weil wichtige Bedingungen des Beharrens, des Bewahrens, des Festhaltens und der *Überlieferung* darin beschlossen waren.

Überlieferung aber ist Weitergabe von Hand zu Hand, *aus*drückliche, sogar *nach*drückliche, ebenso wie schlichte und unmerkliche, und Überlieferung hat stets etwas Verpflichtendes. Darum ist der Bruch mit Überlieferungen immer etwas innerlich oder äußerlich Gewaltsames. Pflege der Überlieferung und Bruch mit der Überlieferung, beides kann Bildungsforderung sein, niemals aber kann unbedingtes Festhalten an der Überlieferung und ausnahmsloser Bruch mit ihr Bildungsforderung sein. Denn dem Wesen der Bildung ist der Werdenszusammenhang und das Wissen um ihn, also ein geistesgeschichtliches Bewußtsein eigentümlich, ebenso wie das Hinaussehen über sich selbst in der Erkenntnis der Zeitgebundenheit geistiger Zustände und der in gewissen geschichtlichen Abständen sich immer wiederholenden beschleunigten oder stürmischen Zuspitzungen geistiger Gegensätze, in deren streitigem Austrage ein Teil des alten Bildungsgutes zertrümmert wird. Diese grundsätzlichen Überlegungen müssen wir anstellen, wenn es sich um die Frage handelt, ob wir den jugendlichen Psychopathen der gebildeten Schichten eine *besondere* Fürsorge angedeihen lassen *sollen* nicht nur, sondern überhaupt *dürfen*. Denn diese Entscheidung darf weder aus sentimentalen, weichmütigen Gefühlen, noch aus einem sozialen Vorurteil, noch aus der persönlichen Hochschätzung der Eltern der jugendlichen Psychopathen heraus erfolgen, wenigstens nicht, insofern diese Fürsorge in den Kreis der Pflichtaufgaben des Staates bzw. der kleineren Selbstverwaltungskörper einbezogen werden soll. Und daß diese Einbeziehung angestrebt werden muß, wird die wesentlichste Forderung sein, zu der dieses Referat gelangen wird. Ich weiß, daß diese Forderung umstritten sein wird. Aber ich weiß mich eins mit guten Kennern der Frage, insbesondere auch mit Herrn Prof. *Többen* in Münster, der 1924 auf der Tagung in Heidelberg die Anregung zur Aufstellung dieses Themas gegeben hat und mehrfach Gelegenheit nahm, diese Forderung zu vertreten.

Der Staat als Organisation und die ihn verkörpernde Volksgemeinschaft kann ein Interesse an der Erziehung und Ausbildung der jugendlichen Psychopathen im geistigen Rahmen und Range ihrer Familienüberlieferung und gemäß den geistigen Ansprüchen ihrer sozialen Schicht nur insoweit haben, als diese jugendlichen Psychopathen als geistig und sozial wertvolle Menschen aus dieser Erziehung hervorgehen und sich späterhin als solche zu halten vermögen. Der Staat kann aber kein Interesse daran haben, daß asoziale Abkömmlinge der Bildungsschicht mit allen möglichen Mitteln zu einer für sie zwecklosen und für die Gesellschaft sogar nachteiligen formalen Bildungshöhe gebracht, statt möglichst früh in einen unter beiden Gesichtspunkten angezeigten praktischen, körperlich arbeitenden Beruf übergeleitet zu werden.

Meine Damen und Herren! Wir gehen nach diesen allgemeinen Erörterungen nun zur Betrachtung des Gegenstandes über, wie er uns im Leben im Einzelfalle gegenübersteht. Die Hauptgruppen von Psychopathen, um die es sich praktisch handelt, sind die folgenden:

1. Haltlose und Willensschwache, 2. Degenerative Phantasten, Lügner und Schwindler, 3. Reizbare und Unstete, 4. Hysterische, 5. Triebhaft Abnorme, 6. Disharmonische, 7. Überdifferenzierte, 8. Ängstlich-Selbstunsichere, 9. Konstitutionell-Neurasthenische.

Von diesen 9 Abarten sind 1—5 Asoziale oder sozial Schwierige, 6—9 solche, an deren Regelwidrigkeit weniger die Gesellschaft als sie selbst leiden. Mischformen spielen praktisch eine erhebliche Rolle.

Individualisierender Erziehung im Sinne der Heilpädagogik sind sie alle, wenn auch in verschiedenem Maße bedürftig, und von einem gewissen Grade der Abweichung vom Durchschnitt ab sind sie unerziehbar im normalen Schulwesen und in der eigenen Familie.

Psychopathische Kinder sind häufig Abkömmlinge psychopathischer Eltern; darum sind ihre Umweltverhältnisse häufig schadhaft, erfüllt mit Konflikten und ungezählten Mißständen, welche die Auswirkung der kindlichen Fehlanlage verschärfen und eine Ausgleichung und Harmonisierung auch da unmöglich machen, wo sie an sich, vom Kinde aus gesehen, gelingen könnte.

Die Frage des Zusammenwirkens von Anlage und Außeneinflüssen brauche ich hier nicht zu erläutern, auch nicht die allbekannten Gründe und Beweggründe, aus denen im Mittelstande die Vertuschung der Mängel beider Herkunft länger mit Erfolg durchgeführt werden kann als in den Kreisen der Arbeiterschaft. Persönliche Schonung und Rücksicht und die verfügbaren materiellen Mittel einerseits, Klassenschutz, gesellschaftliche Stützung und Heuchelei andererseits stehen im Vordergrund. Wer in der öffentlichen Jugendfürsorge und der Privatpraxis Bescheid weiß, der weiß auch, wie kraß die Unterschiede des Zugreifens und der angewandten Mittel und Wege früher waren und zum Teil auch jetzt noch sind.

Die Fragestellungen werden also grundsätzlich die gleichen sein müssen; es wird sich demnach, wo überhaupt eine besondere Fürsorge in Frage kommt, darum handeln, ob sie im Rahmen einer Familie durchführbar ist oder nicht. Wo dies möglich ist, muß es natürlich geschehen und der Zusammenhalt der Familie gewahrt bleiben. Aber so einfach es ist, ein psychopathisches Kind aus schlechtem proletarischen Milieu, das sich zur Familienfürsorge eignet, unter Zuhilfenahme öffentlicher Mittel in eine gute Arbeiter-, Handwerker- oder Bauernfamilie zu versetzen, so schwer ist es erfahrungsgemäß, ein psychopathisches Kind aus einem schadhaften Mittelstandsmilieu mit gesunkenem wirtschaftlichen Stande in einer guten gebildeten bürgerlichen Familie unterzubringen. Die Frauen und Männer aus bürgerlichen Kreisen, die in charitativen Vereinigungen oder in der Jugendfürsorge tätig sind, haben sich bisher sehr erfolgreich in der Unterbringung und Erziehungsfürsorge von Kindern proletarischer Herkunft betätigt und besitzen darin auch Erfahrung und Gewandtheit. In ihren eigenen Lebenskreisen besitzen sie diese Erfahrung nicht. Aber liegt es nur daran, liegt es nur an der Erfahrung? Oder liegt es außer ihr vielleicht nur noch an der bis vor kurzem fehlenden Notwendigkeit, dem fehlenden Bedürfnis? Oder aber liegt es vielleicht auch an gewissen sozialpsychologischen Voraussetzungen?

Wir müssen hier einmal ein offenes Wort sprechen, wenn wir mehr wollen, als um die Sache herumreden. Wie leicht ist es doch, als Helfender seiner Überzeugung von der Notwendigkeit des Eingreifens wirksamen Ausdruck zu verschaffen, wenn man von einem durch Bildung, formale Gewandtheit und eine auskömmliche Existenz gesetzten Abstand aus in eine Arbeiterfamilie kommt. Gewiß, man sei getragen und bestimmt von sozialen Beweggründen, von menschlichem Mitgefühl, von echter Überzeugung, aber die Sicherheit des Auftretens schöpft man eben doch, wenn man ganz ehrlich gegen sich selbst ist, auch aus dem Bewußtsein der Überlegenheit. Wir glauben oft, wir wirken durch die Nähe, doch wirken wir durch die Ferne; denn unsere Nähe ist dem anderen doch noch eine Ferne. Dazu ist zu sagen, daß diese Entfernung, dieser Abstand und seine Anerkennung psychologische Voraussetzung allen und jeden psychologisch-sozialen Wirkens ist, denn auch die Führerschaft in jeglichem Lebenskreise beruht eben doch auch auf dem Abstand. Es fragt sich nur, ob er freiwillig und gerne anerkannt wird oder nicht. Und dies hängt, von allen persönlichen Momenten abgesehen, wiederum davon ab, wie groß die Bedrängnis ist, empfunden und zugestanden wird, die auf der anderen Seite herrscht, wie groß die Bereitwilligkeit, sich überhaupt und gerade auf die angebotene Weise helfen zu lassen. Das ist aber in vieler Hinsicht auch wiederum eine Frage des sozialen und persönlichen Feingefühls.

Dieselben Menschen also, die in proletarischen Kreisen erprobte und erfolgreiche Helfer sind, versagen leicht innerhalb ihrer eigenen sozialen Schicht. Das ist ja doch auch ein wesentlicher Grund, warum trotz allem Bemühen es durchaus nicht gelingen will, Angehörige des Arbeiterstandes in größerer Zahl zu Mitarbeitern in der Jugendfürsorge zu gewinnen, es fehlt der vorgegebene Abstand. Vorgegeben d. h. vor allem Anbeginn einer Maßnahme schon anerkannte und beim ersten Auftreten gewöhnlich schon irgendwie wirksame, weil an der Idee der Fürsorgeorganisation, so wie sie vorliegt, haftende Abstand.

Welche Autoritäten erkennt denn wohl, nachdem die psychologische Situation einmal so geworden ist, der Angehörige des Mittelstandes als befugte Helfer an, die ein Recht hätten, als Helfer den Weg zu ihm zu finden, ja, überhaupt nur anzutreten. *Keine, schlechthin keine.* Er fügt sich, wenn er *muß*, d. h. im Falle einer Gesetzes- oder Verordnungsübertretung, als mehr minder gehorsamer Staatsbürger der Behörde; im übrigen verschließt er sich, solange er kann, jedem fremden Einblick in folgerichtiger Auswirkung seines als besonderen Lebensgutes stets gehüteten bürgerlichen Individualismus. Das starre Festhalten daran kann ihm dann zum Verhängnis werden, wenn er mit einem psychopathischen, schwer erziehbaren Kinde nicht mehr fertig wird, und dies gerade ist die Situation, der wir zu begegnen pflegen, nachdem sie schon überlange vorliegt und die Kräfte der Beteiligten schon zermürbt hat.

Nun besteht wieder ein großer und sachlich völlig begründeter Unterschied zwischen den Fällen, in denen es sich um Kinder mit antisozialen Neigungen handelt, und den Fällen, welche frei von solchen sind. Dieser Unterschied ist gekennzeichnet durch das Vorhandensein oder Fehlen der Gefahr des Zusammenstoßes mit der Rechtsordnung und ihren Organen, durch die der Fall offenkundig werden könnte. Ich brauche nicht näher auszuführen, wie bemüht die Angehörigen sind, wenigstens diese letzte Konsequenz zu verhüten, und wie sehr sie zu jeder materiellen Wiedergutmachung bereit sind. Die große Schwierigkeit fängt erst da an, wo hierzu die materiellen Mittel fehlen und die ganze Bitterkeit der Folgen der Verfehlungen eines solchen Kindes ausgekostet werden muß.

Also wo sind die Autoritäten, die in solch höchster Not angerufen werden? Es kommen nur zwei in Frage: Der Geistliche und der Arzt; sie verbindet das Ansehen des Berufes, aber bei weitem nicht nur dies, vielleicht noch nicht einmal in erster Linie; sie verbindet das ihnen auferlegte Schweigegebot, das Berufsgeheimnis. Aus ihrem Empfangszimmer dringt auch nichts in den Bekanntenkreis. Je nach der Einstellung zum Kinde, ob man es als moralisch defekt oder als krank ansieht oder angesehen wissen will, tut man diesen oder jenen Schritt, je nachdem man noch kirchlich und religiös gesinnt ist, oder aufklärerisch oder naturwissenschaftlich, und je nachdem im Augenblick der eine oder der andere Mensch zum Helfer geeigneter erscheint. Man weiß ja heute im gebildeten Mittelstande allgemein, wenn man von seinem Kinde reden muß, daß man von sich selbst nicht schweigen kann; soweit sind die Grundbegriffe der psychologischen Charakterologie schon in das allgemeine Bewußtsein eingedrungen. In allerweitesten Kreisen ist in diesen Fragen der Arzt an die Stelle des geistlichen Ratgebers getreten, und zwar nicht nur deshalb, weil man so übermäßig viel von ihm hielte, sondern auch, weil weltanschaulichem Denken und Werten selbst viele Gebildete sich weithin entfremdet haben. Mit dieser Tatsache muß man rechnen, weil sie doch zweifelsohne eine Einengung der möglichen Wege bedeuten kann.

Aber ist man denn in den Kreisen des gebildeten Bürgertums so unaufrichtig und andererseits so bar des menschlichen Vertrauens, daß man sich scheut, bei Freunden rechtzeitig zu Rate zu gehen bzw. überhaupt mit seinen Freunden offen und *ständig* über die Kinder und ihr Werden zu sprechen? Auch diese überaus ernste Frage muß vielfach bejaht werden. Vereinsamt nicht seelisch der Mensch unserer Tage? Ist seine betriebsame Geselligkeit, sein oberflächlicher großer Verkehr, seine Rastlosigkeit nicht geradezu ein Symptom seiner seelischen Vereinsamung, des schwindenden Vertrauens in den ernstesten Lebensdingen?

Diese Frage hat mit unserem Gegenstande mehr zu tun, als man zunächst denkt. Denn, wenn dem so ist, erklärt es sich zum Teil wenigstens, warum man nur selten zu einem Menschen einen so großen Abstand oder anders angesehen eine so große Nähe fühlt, dem man also so viel Würde zugesteht, um sich ihm anzuvertrauen und um ihm sein Kind anzuvertrauen mit seinen Fehlern und Schwächen. Zum Arzt geht man als zum Sachverständigen, zum Fachmann, zum Gutachter, nicht nur weil er rät, sondern auch in der Hoffnung, daß er den Dingen eine nach außen hin erträgliche Wendung gibt. Jeder von uns kennt Menschen, die sich in ihrer Not rückhaltlos ihm anvertraut haben, jeder aber auch solche, die selbst in höchster Not dies nicht über sich vermochten und mit denen er ringen mußte, um bis zum Letzten vorzudringen, dessen Kenntnis ihm unentbehrlich war zu einem sachlich richtigen und menschlich ehrlichen Rate.

Also diese Nöte wirken sich besonders schwer aus bei den sozial herabgesunkenen Familien des Mittelstandes, welche die Treulosigkeit und die Vereinsamung besonders drückend empfinden und in deren Ehen Zwist, Vorwürfe, Zerwürfnisse auf psychopathischer Grundlage vielfach eine so verhängnisvolle Rolle für das seelische Wohl der Kinder spielen.

Wenn die Beratung bzw. das Scheitern aller anderen möglichen Versuche nun zu dem Ergebnis geführt hat, daß das Kind aus seinem Milieu entfernt werden muß, und wenn die Eltern dies auch zugegeben haben, so ergibt sich die Frage, wo es untergebracht und erzogen werden soll. In diesem Falle ist — anders als bei den Kindern des Arbeiterstandes, die überall oder doch wenigstens in jedem größeren Orte eine geordnete Volksschulbildung erhalten können — die Frage immer zugleich eine solche des geeigneten Bildungsweges. Sie sollte nie nach anderen Gesichtspunkten entschieden werden, als nach denen der Begabung und der besonderen Eignung. Wo Volksschule oder Realschule angemessen ist, sollen die drei höheren Schulgattungen, jedenfalls das humanistische Gymnasium, von vornherein unbedingt ausscheiden, denn der Zwang in einen falschen Bildungsrahmen hinein und zu Beschäftigung mit Lehrgegenständen, zu denen Befähigung und Neigung völlig fehlen, beeinträchtigt die freie Entwicklung des Gemütslebens und die Charakterbildung aufs schwerste. Haß gegen Schule, Lehrer und Eltern erwächst häufiger, als man glaubt, auf dem Boden falscher Bildungswege und liefert dem Schüler immer neue Antriebe, sich sein Recht auf Lebensfreude durch verbotene Entschädigungen für erlittene seelische Mißhandlung zu sichern. Ich habe manche sog. unsoziale Neigung, die so entstanden war, schwinden sehen, wenn das psychopathische Kind durch Versetzung in eine Realschule von dem Druck der Unzulänglichkeit, der Strafarbeiten, des Nachsitzens und der mit Verdruß geladenen häuslichen Atmosphäre befreit war. Ist über den Bildungsweg Einigkeit erzielt und über die Richtung der Berufseignung im großen ganzen Klarheit gewonnen, so kommt die Alternative Familien- oder Anstaltserziehung zur Erörterung.

Auch hier der gleiche große Unterschied zum Arbeiter- und Handwerkerstande. Findet sich dort noch vielfach die Geneigtheit zur Aufnahme eines fremden Kindes, sei es aus religiöser und charitativer Hilfsbereitschaft, sei es aus Neigung zu erzieherischen Aufgaben, sei es schließlich auch aus Nützlichkeitsgründen, so klafft im Mittelstande hier eine große Leere. Man nimmt nicht gern Kinder auf, mit denen die Eltern nicht fertig geworden sind, und will mit solchen Eltern und ihrem Geschicke nicht gern etwas zu tun haben, geschweige denn das eigene Familienleben auf Jahre hinaus damit verknüpfen und mit einer so ernsten und schwer gefühlten Verantwortung belasten. Denn mit Geltungsstreben und der Lebensauffassung des Mittelstandes ist die individuelle Lebensgestaltung und die Abschließung des eigenen Lebenskreises gegen das Recht fremder Einrede untrennbar verbunden. Nur die zur Erziehung berufenen Stände, das Pfarrhaus und die Lehrerfamilie, machen noch wie von altersher eine Ausnahme. Zu ihnen nimmt man zunächst seine Zuflucht, wenn es sich um die Durchführung einer Familienerziehung handelt. Hieraus hat sich mancherorts ein Pensionswesen entwickelt, Sammelstätten in Erziehungsschwierigkeiten stehender Kinder sehr verschiedener Art, die nur selten den Gedanken einer individualisierenden Charakterbildung im Sinne der Heilerziehung zu verwirklichen vermögen. Nur eine kleine Zahl von Kindern kann auf Gütern in der Nähe der Stadt Versorgung finden, in Gutsbesitzerfamilien, die in einer gewissen überlieferten Zucht und Strenge der Lebensführung Ausnahmen von der Regel darstellen, und denen es gleichgültig ist, ob sie von anderer Seite als veraltet und unmodern betrachtet werden. So werden die Familien, in denen wir Mittelstandskinder unterbringen können, überwiegend einer Lebensform angehören, die abseits der unvermeidlichen Hast und der gemachten Umtriebigkeit des jetzigen Lebenszuschnitts zwar einen sehr fühlbaren, zum eigenen Familienleben stark kontrastierenden und dadurch heilsamen Einfluß auszuüben vermögen, aber andererseits nicht der inneren Hochschätzung der Eltern eben dieser Kinder begegnen. Im stillen, und nicht nur im stillen machen sie sich über Stil und Niveau, Sitten und Gewohnheiten der Erzieherfamilien lustig, in dem sie an ihrem innerlich leeren Kulturdünkel die Verantwortung messen, die sie jenen aufbürden. Je geringer nun die Geldmittel der Eltern und je höher in Wirklichkeit ihr menschlicher Rang, um so weniger sind die Erzieherfamilien materiell an ihrer Aufgabe interessiert und um so gedeihlicher können sich die persönlichen Beziehungen entwickeln.

So sehr für gewisse Fälle die Verbindung des Umweltwechsels mit *Einzel*erziehung in einer *Familie* erwünscht sein mag, für eine überwiegende Zahl ist sie es nicht, ganz abgesehen davon, daß die Familienerziehung aus den angeführten Gründen nicht zu erreichen ist. Denn zahlreiche psychopathische Mittelstandskinder brauchen geradezu die Gemeinschaftserziehung zur Entwicklung der sozialen Gefühle, der Einordnung, der Kameradschaft, der Freundschaft und zur Erlangung von Maßstäben des Wetteifers, der vielgestaltigen Anregung, der Mannigfaltigkeit der Beziehungen zu einem gemeinsamen Erziehergeist innerhalb einer vielgestaltigen durch ihn zusammengehaltenen Lebensgemeinschaft.

In dieser Lösung dieses Problems gipfelt, meine Herren, die Fürsorge für die psychopathischen Kinder des gebildeten Mittelstandes. Wir bedürfen also, darüber ist kein Zweifel, einer den Lebensformen und Bildungszielen des Mittelstandes angepaßten Anstaltserziehung, die das Ziel verfolgt, die für die angestrebten Berufe erforderliche Vorbildung im Rahmen einer Gemeinschaftserziehung zu vermitteln, welche auf dem Grundsatze der individuellen Erfassung der Zöglinge aufgebaut ist. Dies scheint zunächst ein Widerspruch zu sein, ist es aber keineswegs. Sie brauchen Individualisierung; aber nicht das bedingungslose *Geltenlassen* des Psychopathisch-Individuellen ist gemeint, sondern die Erziehung zum sozialen Leben und Denken trotz aller Verschiedenheiten, nämlich unter Förderung der positiven Anlagen und unter Zurückdämmung bzw. Ausgleich der charakterlichen Anlagemängel.

Die allgemeine Form dieser Anstalten ist das Internat. Vorbilder sind vorhanden. Seit 28 Jahren besitzen wir in Deutschland Landerziehungsheime, hervorgegangen aus der Initiative von *Hermann Lietz*. In ihnen sind im wesentlichen Kinder des gebildeten Mittelstandes erzogen und herangebildet worden. Ihr Leitgedanke war die Überwindung des alten rationalistisch-nüchternen Schulbetriebs und der in vieler Hinsicht leer, ideen- und idealarm gewordenen seelisch verkümmerten, immer kindes- und naturfremder werdenden Familienerziehung. Der Gründer dachte nicht an Psychopathen, aber doch auch an Kinder aus unglücklichen Familienverhältnissen, nicht an Heilerziehung in unserem Sinne, aber an die Befreiung der im Kinde liegenden eigenen Kräfte, an die Pflege freier Gesinnungen des Mutes zum Leben nach ethischen und sozialen Grundsätzen und Überzeugungen; er erstrebte die Erziehung zur praktischen Bewährung auf der Grundlage der Kameradschaftlichkeit, der Hilfsbereitschaft, der körperlichen Tüchtigkeit, des Selbstvertrauens und der Selbstbeherrschung und Selbsterziehung bzw. gegenseitiger Erziehung.

Im Laufe fast dreier Jahrzehnte haben die Landerziehungsheime dann verschiedene Entwicklungen eingeschlagen, und es haben sich nach Art und Überzeugung der leitenden Persönlichkeiten voneinander abweichende Typen der inneren und äußeren Organisation herausgebildet.

Die Grundfragen, um die es sich dabei und für unsere Zwecke insbesondere dreht, lassen sich kurz folgendermaßen formulieren: 1. Vereinigung aller Altersstufen oder Trennung in mehrere Gruppen? 2. Koëdukation oder Geschlechtertrennung? 3. Übernahme der Lehrpläne der höheren Schulgattungen oder freie Gestaltung des Lehrstoffes? 4. Bindung der Unterrichtsfächer oder weitgehende Wahlfreiheit?

Die Entwicklung der Landerziehungsheime hat es mit sich gebracht, daß über alle diese Fragen vielseitige Erfahrungen vorliegen, und da die Mehrzahl der Landerziehungsheime einen nicht unwesentlichen Anteil von Psychopathen unter ihren Zöglingen aufweist, so liegen auch über sie Erfahrungen vor.

Erzieherische Arbeit und insbesondere heilerzieherische Arbeit wird, das müssen wir als einen allgemeinen Erfahrungssatz vorausschicken, in dem Maße erleichtert und kann um so intensiver gestaltet werden, je gleichmäßiger das Schülermaterial ist. Die Ungleichmäßigkeit, die in der ausgeprägten Sonderart der Psychopathen liegt, stellt also an sich schon an den Erzieher besonders hohe Anforderungen. Die Vereinigung der 12 Jahrgänge vom 6. bis 18. Lebensjahre — und die Spanne kann sich noch bis zum 19. oder 20. ausdehnen — übersteigt die Kraft der Erzieher; sie macht der Leitung eine wirkliche Übersicht und eine wirkliche Vertrautheit mit der Eigenart des Einzelnen unmöglich. Schon allein aus diesem Grunde trete ich für die Gruppenbildung ein nach dem Vorbilde der von *Lietz* gegründeten Deutschen Landerziehungsheime. Demgemäß würde die Unterstufe das 7. bis 9., die Mittelstufe das 10. bis 14., die Oberstufe das 15. bis 18. Lebensjahr umfassen oder in Klassenbezeichnungen, die erste die Vorschule, die zweite VI—OIII, die dritte UII—OI. Für jede dieser Gruppen denke ich mir ein besonderes Heim, und die Heime sollen an verschiedenen Orten gelegen sein. Nur so kann jede Gruppe ihr altersgemäßes Eigenleben führen und der Kameradschaftskreis die angemessene Begrenzung finden. Der Gesichtspunkt der größeren Nähe und Einheitlichkeit wird dem der Vielgestaltigkeit und des weiten Rahmens vorangestellt. Der zweite große Vorzug ist darin zu sehen, daß die Ältesten der jüngeren Stufe beim Einrücken in das für die nächste Stufe bestimmte Heim dort wieder die Jüngsten sind; in einer erzieherisch heilsamen Weise wechseln Überordnung und Unterordnung, Gewohnheit und Neuanpassung. Drittens lassen sich die den Altersstufen angemessenen Freiheiten in der Auswahl der Lehrfächer, der Pflege der persönlichen Begabungen und Interessen und in jeder anderen Hinsicht reibungsloser und elastischer handhaben. Dies gilt besonders für die Oberstufe. Zu dieser muß schon die Untersekunda zählen wegen des Beginns der Pubertät in dieser Zeit, in welcher geistig und körperlich der Jugendliche vom Kinde abrückt und einer anderen gesamtseelischen und gesamtgeistigen Atmosphäre bedarf. Der Untersekundaner, also der 15jährige, namentlich der psychopathische, soll nicht den ältesten Jahrgang der Mittelstufe bilden. Von allem anderem abgesehen entscheidet sich für viele jetzt schon die Berufswahl, denn nicht alle Abkömmlinge des Mittelstandes bedürfen der Hochschulreife; aber von dem allgemeinen Geiste der Oberstufe sollen auch sie eine Wegweisung, vor allem hinsichtlich der das Leben bestimmenden, dauernd in es hineinwirkenden Werte empfangen.

Wir kommen zum zweiten Punkte, der Frage der Koëdukation. Ich spreche mich ganz unumwunden dahin aus, daß ich aus gewichtigen Gründen nicht zur Koëdukation sondern zur Geschlechtstrennung neige, wenigstens soweit es sich um größere Anstalten und um die Oberstufe handelt. Ich will damit meine Stellungnahme nicht endgültig festlegen, aber meine Überlegungen Ihnen ungescheut vortragen. Ich selbst habe an einem kleinen für 26 Kinder bestimmten Heim, dem Städtischen Kinderheim Siebenmühlental, mit der Koëdukation gute Erfahrungen gemacht. Aber dieses Heim beherbergt nur Volksschüler und nur bis zum 14. Lebensjahre. Trennung und Zusammenleben ist hier leicht zu übersehen, zu leiten und unmerklich zu handhaben. Die Geistesart dieser Kinder ist unkompliziert, sie bleiben länger Kinder, ja sogar sie bleiben durch *diese* Art des Zusammenlebens der Unter- mit der Mittelstufe länger kindlich-kameradschftlich. Mit dem Beginn der Pubertät hört auch das Heimleben auf; die Kinder gehen auseinander, ein jedes seinen eigenen von Erwachsenen noch weiterhin geleiteten und soweit möglich behüteten Weg. Bei den psychopathischen Kindern des Mittelstandes scheinen mir aber folgende Gründe für die Trennung der Geschlechter zu sprechen. Es sind nicht nur die nächstliegenden schlechthin sexuellen Bedenken für die Gegenwart, sondern die Gefahr der falschen Idealbildung für die Zukunft. Denn es besteht in der Tat die Gefahr, daß den psychopathischen Jüngling gerade die Psychopathie seiner Kameradin anzieht, daß sie ihm gerade dadurch reizvoll wird, daß sein Ideal vom Weibe sich nach diesem reizvoll-interessant Abnormen hin orientiert und er dem gesunden, lebenstüchtigen, nichtpsychopathischen Mädchen gegenüber die richtige Einstellung verliert oder gar nicht zu gewinnen vermag, daß ihn das Gesunde weder geistig interessiert, noch erotisch anzieht, sondern daß es ihm entfremdet wird. Durch Pflege der psychopathischen Überdifferenzierung und der gegenseitigen Bewunderung des Psychopathisch-Besonderen würden wir die Eheschließung zwischen Psychopathen und wahrscheinlich die verfrühte Eheschließung mit all ihren Konsequenzen begünstigen und das Elend der Elternfamilien erneuern und vervielfachen.

Ich halte vielmehr dafür, daß die Erziehung der Jugendlichen getrennte Wege gehen soll, und das die Mädchen in ihrer besonderen Weise bei guter, gehobener, die heutige höhere Mädchenschule überwindender Schulbildung auch für die weibliche Selbständigkeit im Leben und für weibliche Berufe vorbereitet werden sollen, und daß sie sich für das Leben unter Gesunden und mit Gesunden gefestigt wissen, und daß nicht durch den ausschließlichen Umgang mit psychopathischen jungen Männern ihre Anpassungsfähigkeit vermindert wird. Ich gebe aber ohne weiteres zu, daß die nun in der Oberstufe auf einmal erfolgende Trennung der Geschlechter auch kein gleichgültiger Eingriff in den Erziehungsgang ist und, wenn auch weniger für die Jünglinge so doch in nicht unerheblichem Maße für die jungen Mädchen eine Einengung ihres Lebensraumes bedeutet. Aber gerade hier wird noch ein wichtiger Punkt sichtbar: Die so häufige Frühreife psychopathischer Mädchen würde dem weiblichen Geschlecht bei der Koëdukation ein noch größeres Übergewicht im Gemeinschaftsleben verschaffen, als es ihm vom 16. Jahre ab den gleichaltrigen Jungen gegenüber schon an sich zumeist zufällt; dies wäre gewiß nicht günstig für die innere Festigung der jungen Männer in der Pubertät.

Ich möchte noch einen Punkt nicht unerwähnt lassen, das Zahlenverhältnis. Es scheint so, als sei das Bedürfnis zur Heimerziehung für Knaben viel größer als für Mädchen, so daß also die Mädchen zahlenmäßig stets erheblich in der Minderheit bleiben. Für diesen Fall könnte die Koëdukation geringere Schwierigkeiten machen, weil sich durch richtige Verteilung der Mädchen die unerwünschten Seiten ihres Einflusses abschwächen, die wertvollen erzieherisch fruchtbar machen ließen. Denn darüber ist ja kein Zweifel, daß eine gewisse Zahl von nicht besonders schwierigen Mädchen von jedem Heim vertragen werden muß, dessen Leitung ihrer Aufgabe gewachsen ist. Aber ebenso sicher ist es, daß zwei hysterische Intrigantinnen die ganze Erziehungsarbeit in einem Heim untergraben können.

Das Unterrichtssystem, dem wir uns jetzt zuwenden, muß mit einem festen Unterbau ein hohes Maß von Elastizität verbinden. Der Unterbau kann nur so beschaffen sein, daß er eine allen Begabungsrichtungen und Abwandlungen der Leistungsfähigkeit gleich zugängliche, für alle gleichermaßen unentbehrliche allgemeine Wissens- und Bildungsgrundlage vermittelt, wie es die Oberrealschule bis Obertertia einschließlich tut. Von da an aber müßte die Teilung in eine mathematisch-naturwissenschaftliche und eine humanistische Abteilung einsetzen, in der beiderseits im Gegensatz zur bisherigen Bindung im Lehrstoff und Lehrgang eine große Abwandlungsfähigkeit des Unterrichts herrschen muß. Ich kann und will mich auf Einzelheiten nicht einlassen und mich auf die Gesichtspunkte beschränken, welche der Besonderheit der

Psychopathen entsprechen. Es sind folgende Eigenschaften, denen um ihrer Häufigkeit willen vornehmlich Rechnung getragen werden muß: 1. die Ungleichartigkeit der Begabung. Wir finden sehr häufig einseitig naturwissenschaftlich und einseitig philologisch-historisch oder philosophisch-ästhetisch Begabte. Ich meine hier solche Kinder, die ohne charakterlich *besonders* auffällig und schwierig zu sein, in der Tat eine *wirkliche* herausgehobene Befähigung in einer dieser Richtungen besitzen. Sie sind nicht selten etwas abgeschlossene Eiferer, leicht verletzlich, aber ernsthaft von ihrem Interessengebiet erfüllt. Wir treffen 2. aber eine noch größere Zahl solcher, die zwar keine eigentliche produktive Sonderbegabung haben, auf die sich einmal Beruf und Lebensgestaltung mit Notwendigkeit werden gründen müssen, sondern nur eine rezeptive Interessiertheit, die vielfach nur eine Art schöngeistiger Zuneigung ist und abseits des Exakten, insbesondere der Mathematik und der Naturwissenschaften liegt, aber auch schon abseits ernster sprachlicher Studien. Diese beweglichen, durch ihre Aufnahmefähigkeit und den Reichtum an unverbundenen, aber oft treffenden Einfällen ausgezeichneten Blender sind vielfach flatterhafte geistige und seelische Weichlinge, bei denen Haltlosigkeit und Geltungsbedürfnis, Bildungsdünkel, sporthaftes Diskutieren über Grundprobleme des Lebens und der Wissenschaft, psychologisierender oder soziologisch orientierter Dilettantismus auf vielen Gebieten sich verbinden auf der Grundlage einer Abneigung gegen jede gründliche, strenge geistige Arbeit. Sie drohen schon mit 16 Jahren journalistisch oberflächliche Vielwisser und Schönredner zu werden und vermöge ihrer formalen Gewandtheit Mitschüler und Lehrer in Verlegenheit zu setzen und zu beherrschen. Eine Untergruppe bilden die inhaltsarmen, nur von außen anregbaren, aber durch ihre Beeinflußbarkeit und Äußerlichkeit, ihre Geschmeidigkeit und Gefügigkeit gefährdeten und gefährlichen Haltlosen. Über die mit der Haltlosigkeit zusammenhängenden Probleme handelt das zweite Referat, das Herr Prof. *Kramer* erstatten wird, so daß ich mich auf diese kurzen Andeutungen beschränken kann. Eine weitere Gruppe bilden 3. die Stillen, die den Mut zu sich selbst nicht besitzen, die Fähigkeiten haben und sie verbergen, sich nicht heraustrauen und in ihrem Mangel an Selbstvertrauen und Selbstbewußtsein als Hörige und als Bewunderer der zweiten Gruppe in Gedrücktheit dahinzuleben oder einer falschen und leeren Idealbildung zu verfallen drohen. Wir haben schließlich 4. der Reizbaren und der dumpf Verschlossenen und 5. der schlaffen Unfrohen zu gedenken.

Bedarf die zweite Gruppe vor allem der Entdifferenzierung, der straffen, geistig strengen Führung, der Eindämmung ihrer Neigung zur Zersplitterung und der Aufstellung wirklicher Leistungsforderungen, auch auf solchen Gebieten, die dem Schüler *nicht* liegen, so kann man der dritten nur gerecht werden, wenn man behutsam die Fähigkeiten zu ergründen sucht, deren Förderung am ehesten Erfolge verspricht, mit denen der Jugendliche sich auszuweisen und vor sich selbst zu bestehen vermag. Eine gewisse betonte Einseitigkeit der Beschäftigung mit einzelnen Lehrgegenständen wird die Gewähr dafür bieten, daß in ihnen zunächst mit wirklichem Interesse, zunehmender Freudigkeit und Hebung des Selbstgefühls etwas Gediegenes geleistet wird, mögen auch darüber andere Fächer vorerst bewußt vernachlässigt werden. Die Erfahrung in der Methodik und Ökonomie des gesammelten Arbeitens, die in diesen Fällen so und nur so gewonnen werden kann, wird grundlegend für die Arbeitsweise im späteren Leben werden können.

Die vierte und fünfte Gruppe kennzeichnet sich heilpädagogisch dadurch, daß sie mehr als die anderen der *unmerklichen* Individualisierung bedarf, einer Zuwendung des Erziehers, welche die Schüler überhaupt erst einmal aufschließt, ihnen das Bewußtsein des Verstandenwerdens und Verstandenwerdenkönnens vermittelt, um sie allmählich dem Gemeinschaftsleben zu gewinnen. Sie sind jedem Zwang abgeneigt und haben zumeist doch uneingestandene Führungsbedürfnisse, die durch Erlebnisse Vereinsamten freilich mehr als die hauptsächlich anlagemäßig Abseitigen. Es liegt bei ihnen allen daran, daß sie weder zu geben noch zu nehmen wissen, weil sie irgendwie und auf sehr verschiedene Art von sich selbst unlustvoll beansprucht sind. Scheinbare Gleichgültigkeit, Besserwisserei, Neigung zu scharfer und ungerechter Kritik, Verbergen des eigenen Gefühlslebens, früher und frühester Verlust der Naivität sind sehr verschieden gewichtige Äußerungen einer unkindlichen und unjugendlichen Lebensferne, deren Überwindung das bewußte und dringlichste Ziel der Erziehung sein muß. Daraus ergibt sich, daß nicht so sehr das Lernen als vielmehr das Tun in vorderster Reihe zu stehen hat. Für diese Gruppe ist die Mitbestimmung des zunächst zu pflegenden Unterrichtsgegenstandes neben der freien Wahl des ganz besonders zu pflegenden Werkunterrichts oder der Ausbildung eines vielleicht ganz bescheidenen künstlerischen Talentes der gegebene Weg, d. h. möglichste Zwanglosigkeit bei Betonung des Praktischen und der Ausdrucksstätigkeit, mit anderen Worten: *Die Wendung nach außen.*

Man sieht sogleich bei dieser Betrachtung noch einen wichtigen praktischen Gesichtspunkt. Kommt es überhaupt darauf an, Psychopathen so früh als möglich in die richtige Hand zu geben, so ist das für die vierte Gruppe ganz besonders wichtig. Früh tritt ihre Abseitigkeit hervor; je mehr sie sich verfestigt, desto verhängnisvoller wird sie, desto schwerer ist die Außenwendung, die Lebensnähe zu erreichen, desto größer die Gefahr der Verkümmerung einer vielleicht bemerkenswerten Begabung. Bedürfen diese Kinder aber einer besonderen Berücksichtigung auch im Unterricht, so muß schon in den höheren Jahrgängen der Mittelstufe ein gewisses Maß von Wahlfreiheit, eine Anpassung an die Neigungen der Schüler natürlich ohne Schwäche hinsichtlich des Willensaufwandes und der Anforderungen möglich sein.

Selbstverständlich ist, daß die Teilnahme an Sport, Spiel und Wanderungen ebenso wie am Werkunterricht für alle Schüler verbindlich ist, und daß der Pflege der Musik, des Gesanges und des Zeichnens ein genügender Raum gewährt wird. Für die Mädchen würde dies die Ausbildung in allen wichtigen häuslichen Arbeiten an Stelle des männlichen Werkunterrichts in sich schließen. Es ist für beide Geschlechter ein grundsätzliches Erziehungserfordernis, daß die Scheu vor der groben körperlichen Arbeit und ihre dünkelhafte Geringschätzung überwunden wird.

Danach ergibt sich für das Gerüst des Erziehungs- und Unterrichtsplans eine Verbindung der Stufentrennung nach den Grundsätzen der *Lietz*schen Landerziehungsheime mit dem teilweise wahlfreien Kurssystem der von *Geheeb* geleiteten Odenwaldschule bei weitgehender, den Lehrgegenständen angemessener Freiheit des Lehrers in der Art der Stoffentwicklung und Darbietung.

Wenn nun diese Anstalten den Charakter des Heilerziehungsheims haben sollen, so muß *die Wirksamkeit des Arztes* in ihren Aufbau eingegliedert werden. Ich stehe auf dem Standpunkt, daß die unterrichtlich-erzieherische Leitung der leitenden *Lehr*kraft zusteht, und daß der Arzt, der ein Fachmann auf dem Gebiete der Psychologie und Psychopathologie des Kindesalters sein muß, als ständiger Berater der Leitung und des Lehrkörpers tätig ist, und daß ihm insbesondere die Entscheidung über die Aufnahme und die Mitwirkung bei der Berufsberatung der Zöglinge zusteht.

Ein Arzt wird mehrere Heime versorgen können; er wird dabei sowohl am Unterricht hospitierend teilnehmen müssen wie in bestimmten Abständen an den Lehrerkonferenzen, so daß er auch in den Unterrichtsfragen und in der Beurteilung der Leistungen der Schüler mitwirkt, soweit er zuständig ist. Die Durchdringung des gesamten Anstaltsgeistes mit heilpädagogischem Wissen und Urteil ist seine besondere Aufgabe. Sie ist nicht etwa in der Betonung des Krankhaften, nicht im Vordrängen des rein Psychiatrischen zu sehen. Keine schwächliche Nachgiebigkeit gegen das Regelwidrige soll herrschen. Im Herausholen und in der Entwicklung von positiven Fähigkeiten, von Gegengewichten gegen die Schwächen des Einzelnen auf Grund eines fachmännischen Urteils über dessen geistig seelische Struktur und sein Anlagematerial müssen Arzt und Erzieher zusammenwirken. Insbesondere bei der Berufswahl und Berufsvorbereitung wird dem Arzt eine wichtige Rolle in der Verhütung von Mißgriffen und Enttäuschungen zufallen. Die Form der Zusammenarbeit von Arzt und Erzieher muß sich allmählich herausbilden. Ich verkenne nicht die Schwierigkeiten, die mit ihr verknüpft sein können; sie können mich aber nicht zu dem Vorschlag bestimmen, die oberste Leitung in die Hand des Arztes zu legen. Dann bestünde die Gefahr, daß dem Erziehungsheim der Stempel einer Heil- und Pflegeanstalt für Kinder und Jugendliche mit Schulunterricht aufgedrückt würde, und gerade dies muß unbedingt vermieden werden.

Zahlreiche Einzelfragen bringt die hier nur kurz skizzierte Aufgabe noch mit sich, von denen ich die wichtigsten nur nennen möchte: die Überleitung in das freie Leben und den Beruf oder das Studium, die Fortsetzung der Beziehungen zum Heim nach der Entlassung, vor allem die Herbeiführung eines zureichenden Verständnisses des einzelnen Schülers für seine Fähigkeiten, seine Mängel und vor allem auch für die ihm angemessenen Lebensziele und seine persönlichen Grenzen.

Namentlich in diesem letzten Punkte geht es oft hart auf hart. Aber gerade die Heimerziehung gewährt durch das ständige Zusammenleben mit den Erziehern und die besondere Lebensform die Voraussetzung zu einer auf gegenseitiges Vertrauen gegründeten, nicht apodiktischen und nicht autoritativen, sondern freundschaftlichen Beratung. Wo Selbstbescheidung erforderlich ist, da ist auch langsame Vorbereitung auf sie, sichere Führung und Stützung am meisten vonnöten. Wer die Kraft, die Fähigkeiten und Eignungen nicht besitzt, um im späteren Leben eine selbständige oder leitende Stellung einzunehmen, muß rechtzeitig zu dieser Einsicht geführt werden; dies darf aber nicht in einem Sinne geschehen, der die Arbeit entwertet, auf die der junge Mensch sich vorbereiten soll. Man darf also die Meinung nicht aufkommen lassen, daß der Beruf des Landwirts, die Stellung eines Buchbinders, eines Handwerkers, eines Zeichners, daß eine abhängige kaufmännische Vertrauensstellung oder die Laufbahn eines mittleren Beamten etwas verächtliches wäre; sondern man muß der Anschauung zur Geltung verhelfen und sie immer wieder betonen, daß das volle Eintreten für eine Aufgabe und einen Beruf, den man *beherrscht*, auch wenn er ein minder anspruchsvoller ist, wertvoller und befriedigender ist, als das vergebliche und innerlich unwahrhaftige Streben nach einer die eigenen Grenzen übersteigenden Stellung, die nur mangelhaft und unbefriedigend ausgefüllt werden kann. Denn im letzteren Falle wird das Leben immer innerlich unfrei sein, erfüllt von der Angst, einmal ernstlich auf die Probe gestellt zu werden und zu versagen, von dem ängstlichen Suchen nach Mitteln und Mittelchen zur Bemäntelung und Vertuschung der Schwächen, von Unechtheit und von Besorgnis um die innerlich gar nicht gerechtfertigte Geltung und ein äußeres Ansehen, dem die innere Festigkeit nicht entspricht. Ohne eine wirkliche Charaktererziehung ist dieses Ziel natürlich nicht zu erreichen, auch nicht ohne den Kampf gegen die sozialen Vorurteile, die einseitige Überschätzung der akademischen Berufe und der formal intellektuellen Bildung. Wir müssen also auch im Bereiche dieser Fälle die Erziehung so gestalten, daß dem psychopathischen Kinde und Jugendlichen die beste und gründlichste Ausbildung seiner wirklichen Anlagen zuteil wird und daß ihm auf *diesem* Wege nichts an Schwierigkeiten, die er überwinden lernen muß, nichts an Krafteinsatz und Willenszucht erspart bleibt. Die Ausbildung seiner praktischen Intelligenz, seiner Findigkeit, seiner körperlichen Kräfte muß von ihm in diesem Sinne als Ziel und Zweck seiner Lebensgestaltung aufgenommen und sie muß ihm auferlegt werden. Nur dann gewinnt er Selbstvertrauen genug, um mit sich fertig zu werden, nur dann können ihm die Enttäuschungen erspart bleiben, die bei falscher Zielsetzung unvermeidlich sind, und mit denen eine Häufung von Konflikten und schließlich eine tiefe Verbitterung verknüpft zu sein pflegt.

Meine Herren! Dies sind die Gründe, die Motive und die Notwendigkeiten, dies ist die Gesamtlage, die uns veranlaßt, uns mit der Fürsorge für die psychopathischen Kinder und Jugendlichen aus dem gebildeten Mittelstande zu befassen. Mit kleinen und halben Mitteln kommen wir nicht weiter. Es muß planmäßige und nach Möglichkeit ganze Arbeit am Einzelnen geleistet werden in der Form der Gemeinschaftserziehung und vielgestaltigen Berufsvorbereitung. Mir scheint der geschilderte Weg der geeignetste. Mit privaten Mitteln *können* wir ihn nicht beschreiten, aber wir *sollen* es auch nicht. Wir bestehen vielmehr darauf, daß die Erfüllung auch *dieser* Erziehungsaufgaben zu den Pflichtaufgaben des Staates gehört und von ihm übernommen werden muß.

Ich konnte heute nicht mehr tun, als Ihnen die Anschauungen, die sich mir aus Theorie und 20jähriger praktischer Erfahrung ergeben haben, in einer skizzenhaften Übersicht darzulegen und sie zur Erörterung zu stellen. Ich verkenne nicht die Bedeutung der Familienberatung, der Betreuung des Einzelnen durch sachkundige Helfer und nicht den großen Wert der nachgehenden Fürsorge. Ich unterschätze erst recht nicht, ich will es noch einmal betonen, den Wert der Familie in sittlicher, seelischer und sozialer Beziehung. Ich weiß sehr wohl, daß größte organisatorische und materielle Schwierigkeiten der Durchführung meines Vorschlages entgegenstehen; aber es ist Zeit, ihre Überwindung in Angriff zu nehmen und der Errichtung des staatlichen Heilerziehungsheims auf dem Lande den Weg zu bahnen.

Der Vorsitzende Professor Dr. *Siegmund-Schultze* spricht dem Vortragenden seinen lebhaften Dank aus und eröffnet die Aussprache.

Aussprache[1]**).**

Dr. *Altmeyer:* Ich möchte den Herrn Vortragenden bitten, mir auseinanderzusetzen, warum er das humanistische Gymnasium für psychopathische Kinder

[1]) Die Aussprache wurde nur auszugsweise wiedergegeben.

besonders ausgeschlossen sehen möchte, wenn doch höhere Schulbildung nicht unmöglich erscheint.

Professor Dr. *Homburger*-Heidelberg: Diese Anfrage beruht auf einem Mißverständnis. Ich habe mich vielleicht nicht deutlich genug ausgedrückt. Ich meine, daß da, wo eine altphilologische und historische Begabung nicht vorliegt, das humanistische Gymnasium ausgeschlossen sein soll. Es soll also nicht so sein, daß jemand, der vielleicht naturwissenschaftlich oder technisch oder sonst irgendwie außer philologisch-historisch begabt ist, nun aus Prestige-Gründen, oder weil der Vater das humanistische Gymnasium besucht hat, auch selbst gezwungen wird, ganz entgegen seiner natürlichen Bildungsrichtung Griechisch und Latein zu lernen, lustlos und freudlos. Wer Griechisch und Lateinisch lernen will, der will davon doch einen Genuß und eine Freude haben. Es soll ihm einen Lebenswert, eine ganz spezifische Bildungsgrundlage bedeuten, die nach meiner Überzeugung auch in ihrer besonderen Art durch keine andere ersetzt werden kann. Aber in das humanistische Gymnasium soll niemand aus Prestige-Gründen, der sich für eine Oberrealschule besser eignet. Damit muß endlich einmal gebrochen werden. Ich habe die Erfahrung gemacht, daß gerade aus den Schichten des gebildeten Mittelstandes, dem Träger unserer traditionellen Bildung, der im humanistischen Gymnasium ja eine hervorragende Rolle spielt, vielfach die Tradition besteht, an der festgehalten werden muß, und daß auf Biegen oder Brechen immer wieder der Versuch gemacht wird, ein philologisch-historisch ganz unbegabtes Kind in das humanistische Gymnasium zu tun. Fragen Sie einen solchen Jungen 2 Jahre nach dem Abitur, wieviel Verständnis er sich für die Psychologie des griechischen Sprachbaues angeeignet hat und was überhaupt vom griechischen Unterricht haftengeblieben ist: Das Ergebnis ist null.

Dr. *Villinger*-Hamburg: Wir haben in Hamburg in ausgedehntem Maße mit denselben Schwierigkeiten zu kämpfen, die Professor *Homburger* geschidert hat. Die Familienzerrüttung greift bekanntlich nicht bloß in die Unterschichten, sondern sie hat in dem Kriege, besonders aber in der Nachkriegszeit auch den Mittelstand in ganz beträchtlichem Maße ergriffen, und wir haben immer wieder mit Kindern und Jugendlichen zu tun, die wir nach dem heimischen Milieu und nach ihrer eigenen psychischen Struktur herausnehmen möchten und in eine neue geeignete Umwelt versetzen müßten. Leider sind wir dazu durchaus nicht immer in der Lage. Erstens versagt die Familie. Darüber haben wir ja eingehendes gehört. Zweitens, und das erscheint mir als das Wichtige, worauf ich hinweisen möchte, fehlen uns die Mittel. Mit der Familie wird man unter Umständen noch fertig, man wird mit ihr einig, das Kind in ein geeignetes Heim zu geben. Unsere Fürsorgeanstalten eignen sich ja für die Psychopathen des Mittelstandes nicht. Die Heime kosten aber Geld. Die Geldmittel haben wir nicht ohne weiteres zur Hand.

Wir haben nun in Hamburg einen Weg gefunden und in einzelnen Fällen immer wieder beschritten, den ich Ihnen hier mitteilen möchte. Wir haben diese Kinder, allerdings meist nach sehr langwierigen Verhandlungen mit den Eltern, in Fürsorgeerziehung übernommen, aber in „freiwillige Fürsorgeerziehung“, und haben sie dann, ohne sie mit einer Fürsorgeerziehungsanstalt in Berührung zu bringen, ohne weiteres in ein geeignetes Heim versetzt. Das können wir aber bisher nur in beschränktem Umfange, da unser zur Verfügung stehender Fonds gering ist. Es wäre mir interessant, von dem Herrn Vortragenden noch ein Wort zu hören, wie er sich die Mittelbeschaffung hier denkt.

Professor Dr. *Homburger*-Heidelberg: Der Weg, den der Herr Kollege hier vorgeschlagen hat, ist außerordentlich empfehlenswert. Darüber besteht kein Zweifel. Aber nicht jede Fürsorgeerziehungsbehörde ist in der Lage dazu. Bestünde eine so große Anzahl von Möglichkeiten, so würde dieser Weg selbstverständlich der nächstliegende sein. Ich möchte aber empfehlen, daß wir uns diese Erfahrung zunutze machen, daß wir versuchen, das Verfahren nachzuahmen und zu sehen, wie weit wir damit kommen. Ich bin ja nicht der Meinung und habe auch die Forderung nicht so formuliert, daß nun das Land überzogen werden soll mit Heilerziehungsheimen. Das kann das Deutsche Reich nicht machen, das können seine Länder und die kleineren Verwaltungskörper, die Städte und Provinzen, nicht leisten. Aber ein solches Heim muß einmal errichtet werden, und bei dem einen wird man Erfahrungen sammeln. Das wird nicht jetzt kommen, das weiß ich genau, aber es ist der Weg, von dem ich überzeugt bin, daß er der einzige ist, auf dem wir diejenigen Psychopathen sammeln können, für die sich eine andere Erziehungsmöglichkeit nicht beschaffen läßt. Ich sage nicht, daß die Heilerziehungsmethode eine ideale wäre. Aber um diejenigen zu erfassen, die anders nicht erfaßt werden können, und um für diejenigen zu sorgen, für die in Einzelerziehung nicht gesorgt werden kann, bedürfen wir einer solchen Einrichtung. Schwierigkeiten sind dazu da, überwunden zu werden, und dürfen uns nicht schrecken.

Professor Dr. *Stier*-Berlin: Ich glaube, wir können Herrn Kollegen *Homburger* gar nicht dankbar genug dafür sein, daß er eins der schwierigsten Probleme, mit dem wir alle so oft zu tun haben, in so schöner Weise dargelegt und von großen Gesichtspunkten aus beleuchtet hat. Wenn eine Diskussion über seinen Nachweis bis jetzt noch nicht recht in Gang gekommen ist, so ist das offenbar darin begründet, daß wir Einwände gegen das, was er uns gesagt hat, eigentlich nicht haben. Ein paar Worte nur über die Frage der *praktischen* Lösung.

Ich glaube, wir stimmen mit dem Vortragenden durchaus darin überein, daß ein staatliches Erziehungsheim, wie er es sich ungefähr denkt, wünschenswert ist. Aber ebenso sind wir uns darüber klar, daß es aussichtslos ist, dies Gewünschte von heute auf morgen zu erreichen. Bis wir soweit sind, brauchen wir noch dreierlei: Nötig ist einmal eine *Beratung* der Eltern, die für den Mittelstand in der Sprechstunde durch den Arzt erfolgt; ich persönlich habe viel Gelegenheit, solchen Eltern für die Behandlung ihrer Sorgenkinder, die in der Familie bleiben, Ratschläge erteilen zu können, in gleicher Weise wie dies durch die Beratungsstelle für Heilerziehung Berlin geschieht. Als zweites brauchen wir *Familien*, die solche Kinder anderer Eltern bei sich aufnehmen. Die Mitglieder des Deutschen Vereins zur Fürsorge jugendlicher Psychopathen erwerben sich ein Verdienst, wenn sie hierfür geeignete Familien ausfindig machen und mit ihnen in dauernder Fühlung bleiben. Als drittes brauchen wir *Heime* für die Kinder, die weder im Elternhaus bleiben noch in anderen Familien Aufnahme finden können.

Um dies zu erreichen, glaube ich, müssen wir die Jugendämter und andere Behörden, die in Betracht kommen, auf den Vortrag vom Kollegen *Homburger* aufmerksam machen, ihn soweit wie möglich verbreiten, ihn gelegentlich einsichtsvollen Leuten in die Hand geben und sie so weit bringen, daß sie uns das Geld geben, damit wir zunächst die jungen Leute in eins der wenigen *vorhandenen* Heime aufnehmen können, z. B. in das Isemannsche Heim in Nordhausen. Wenn es so gelingt, wenigstens für den Einzelfall Geld flüssig zu machen, oder auch nur einen kleinen Zuschuß zu erwirken, um einen solchen jungen Mann oder ein solches Mädchen in ein Heim zu bringen, dann wird einmal das Individuum den Vorteil haben, zweitens, und das ist wichtiger, können die paar Heime, die wir erst haben, besser ausgestaltet werden; sie bleiben vor dem Versanden geschützt und vor allen Dingen geschützt vor dem Zwange, unter dem sie heute fast alle stehen, aus wirtschaftlichen Gründen auch solche Fälle in ihr Heim aufzunehmen, die eigentlich nicht hineingehören. Wenn ein solches Heim heute auf 20 Betten eingestellt ist, dann kann es sich eben wirtschaftlich nur halten, wenn es beinahe oder ganz gefüllt ist; das aber gelingt den Leitern nur dann, wenn sie von dem angebotenen Material möglichst alles nehmen, und dann haben wir wieder das Konglomerat von ganz heterogenen Elementen, die sich gegenseitig schädigen und stören und eine wirkliche Erziehung unmöglich machen.

Wenn es dagegen gelingt, von den Jugendämtern Zuschüsse zu bekommen, dann können wir mehr Jugendliche, als es jetzt möglich ist, in solche Heime verweisen, die Heime können sich nach der von uns gewünschten Richtung ausgestalten und dann, glaube ich, wird die Möglichkeit, ein solches langsam entwickeltes und ausgebautes Privatheim, das für die einzelnen Fälle Zuschüsse bekommt, in ein staatliches Heim überzuleiten, sich viel leichter und eher finden, als wenn aus dem Nichts ein an sich dafür noch so geeigneter Mann ein Heim im Sinne *Homburgers* gründet. Denn diese letztere Aufgabe ist sehr viel schwieriger als das allmähliche Wachsenlassen und Ausgestalten eines bestehenden Heimes. Ich glaube also, daß wir praktlich doch wohl diesen langsamen aber sicherer zum Ziel führenden Weg gehen müssen, und wenn der *Homburger*sche Vortrag dazu anregend wirkt, so scheint er mir wesentlich genützt zu haben.

Vorsitzender Professor Dr. *Siegmund-Schultze*-Berlin: Zunächst darf ich feststellen, daß in sachlicher Beziehung Übereinstimmung zu sein scheint. Die Kollegen des Herrn Referenten aus Hamburg und Berlin haben anerkannt, daß eine besondere Fürsorge für Psychopathen des Mittelstandes notwendig erscheint schon wegen der Bildungs- und Unterrichtsfrage. Außerdem haben wir sicherlich alle den Wunsch, daß Heime entstehen. Ich glaube auch, daß die Praktiker unter uns alle darin einig sind, daß erst einmal Persönlichkeiten da sein müssen, an die sich das herankristallisiert, und daß dann die staatliche Hilfe verschieden schnell einsetzt.

Landesrat *Roscher-Schmidt*-Breslau: Die Landerziehungsheime sind in ihrem Betriebe so teuer, daß sie meines Erachtens nicht als Muster dienen können für Anstalten, die aus öffentlicher Hand errichtet werden und in die aus öffentlichen Mitteln Kinder geschickt werden. Für die Errichtung solcher Heime käme in Preußen auch nicht der Staat in Frage, sondern die Provinzen. Ich glaube aber, daß man keinen Provinziallandtag bewegen könnte, ein Heim nur für den Mittelstand zu schaffen. Es wird nur möglich sein, Heime zu errichten für Kinder aller Stände und in diesen Heimen die Möglichkeit verschiedener Erziehung zu schaffen.

Dr. *Wexberg*-Wien: Ich begrüße in den trefflichen Ausführungen *Homburgers* vor allem das unzweideutige Bekenntnis zur Gemeinschaftserziehung für psychopathische Kinder. Auch ich glaube, daß die Kinder des Mittelstandes, deren Schwierigkeiten im Familienmilieu und durch dasselbe hervorgerufen werden, nur im Wege der Gemeinschaftserziehung aus Irrtum und Gutmütigkeit erlöst werden können, allen individualistischen Vorurteilen gerade der Mittelklasse des Bürgerstandes zum Trotz. Einige Fragen möchte ich aufwerfen und zum Teil auch dem Vortragenden zur Stellungnahme vorlegen.

Erstens die Frage, ob es denn angängig ist, grundsätzlich und in allen Fällen bei psychopathischen Jugendlichen die Alternative zwischen Familienerziehung einerseits und Erziehung in einem eigenen Psychopathenheim andererseits zu stellen. Es wurde so nicht ausdrücklich gesagt, aber man hatte den Eindruck, daß ein dritter, auch gangbarer und in mancher Beziehung richtig erscheinender Weg für leichtere Fälle in Betracht käme, nämlich die Unterbringung in einer Gemeinschaftserziehung, die nicht gerade nur auf Psychopathen zugeschnitten ist. In leichteren Fällen könnte es sich zeigen, daß Familienerziehung sich als unmöglich erweist, daß aber mit dem Augenblicke, wo man ein solches Kind in Gemeinschaftserziehung mit gesunden Kindern bringt, jede Störung wegfällt, und daß man auf diese Weise viel gründlicher zum Ziele kommt. Die Kinder sind alle überempfindlich und intolerant gegen Autoritätserziehung irgendwelcher Art. Wenn in einer solchen Gemeinschaftsinstitution das Gesetz der Gemeinschaft an die Stelle der persönlichen Autorität eines vielleicht überstrengen und unvernünftigen, selbst psychopathischen Vaters tritt, so kann mit einem Schlage die ganze Schwierigkeit beseitigt werden. Andererseits lastet bei einer Unterbringung im Psychopathenheim von Anfang an das Odium dieses Heimes auf den Kindern. Sagen Sie nicht, daß das Kind nichts davon weiß. Die Kinder wissen, daß sie unter unnormale Kinder gesteckt sind und daß das bei den unsicheren Begriffen in der Laienwelt ein bißchen wie ein Heim für Schwachsinnige aussieht.

Wie gesagt, käme dies gewiß nur für leichtere bis mittelschwere Fälle in Betracht. Bei absolut unsozialen Kindern ist es natürlich nicht möglich.

Eine zweite Frage berührt das Begabungsproblem. Der Herr Vortragende hat mit einigen Worten darauf hingewiesen, es wäre mit aller Energie darauf hinzuarbeiten, daß solche Kinder sich nicht einen bestimmten Beruf, insbesondere, wie bei Kindern des Mittelstandes, einen geistigen Beruf in den Kopf setzen, für den sie nicht geeignet wären, und es wäre alle Geschicklichkeit des Erziehers notwendig, um ein Kind gewissermaßen zur Resignation zu bringen und zu der Einsicht: Dazu tauge ich nicht; es ist besser, ich werde Schneider oder Schuster oder dergleichen. Gegen die, wenn auch mit noch so viel pädagogischem Geschick und pädagogischer Vorsicht vorgeschlagene Erziehung zur Resignation möchte ich einige praktische Bedenken vorbringen. Ich glaube, daß nichts schwieriger ist, als die psychopathischen Kinder aus dem Mittelstand zu dieser Resignation zu bringen. Ich glaube ferner, daß, wenn diese Resignation in die Wirklichkeit umgesetzt wird, das noch schlimmer ist. Auch Ihnen werden Fälle bekannt sein, wo ein Jugendlicher des Mittelstandes das Gymnasium besucht; es geht nicht vorwärts, er wird nicht versetzt, schließlich sieht man ein, es geht absolut nicht mehr, und man versetzt ihn in eine Volksschule zurück. Nun kommt aber das Charakteristische. Während er früher in der Volksschule ganz gut vorwärtsgekommen ist, geht es nach diesem Erleben im Gymnasium gar nicht, er versagt ganz. Es ist nicht so sehr eine Frage der Fähigkeit und des angeborenen Talentes, sondern in erster Linie und vor allem eine Frage des Mutes.

Weiter, wenn Sie sich einen solchen Jugendlichen des gebildeten Mittelstandes ansehen und ihn mit den Aufgaben, die das Leben ihm stellt, vergleichen, ist es denn gesagt, daß es für einen solchen, wenn auch psychopathischen Jungen so unbedingt schwerer ist, Rechtsanwalt als Schneider zu werden? Halten wir fest, daß wir es hier nicht mit geistig minderwertigen jungen Menschen zu tun haben, sondern daß es im Gegenteil häufig überintelligente, außerordentlich geweckte, geistig ungeheuer rege Kinder sind, so daß also die Schwierigkeit des intellektuellen Erfassens des anderen Berufes eigentlich keine Rolle spielt. Warum sollten wir nun unsere Erziehungsaufgabe damit belasten, daß wir einem solchen Jungen, der im Gymnasium nicht vorwärtskommt, sagen, wenn es da nicht geht, muß er sich damit begnügen, Buchhalter zu werden oder selbst Schneider oder dergleichen? Ich glaube nicht, daß der Junge in einem solchen bescheidenen Berufe besser fortkommen würde. Denn nicht Mangel an Intelligenz und nicht geistige Unfähigkeit machen ihn zum Psychopathen, sondern die innere Unsicherheit, die Unfähigkeit, eine Aufgabe zu erfassen, das mangelnde Selbstvertrauen, die Unsicherheit allen Lebensaufgaben gegenüber, und alle diese Schwierigkeiten sind dem sogenannten niederen Berufe gegenüber genau so vorhanden wie gegenüber dem höheren.

Deswegen würde ich in diesem Punkte zu großer Vorsicht in bezug auf die Berufswahl raten und würde geneigt sein, durchaus nicht ohne weiteres dem intellektuellen Jugendlichen deswegen, weil er vorübergehend Schwierigkeiten hat, wenn auch noch so vorsichtig und noch so liebevoll zu raten: Gib das auf, dafür taugst du nicht. Dieses Wort „dafür taugst du nicht“ kann unter Umständen eine ungeheuere und verhängnisvolle Bedeutung für einen solchen jungen Menschen haben. Der andere hört von allem nur das „Nein “, und dieses Nein bedeutet für ihn nicht nur die Unmöglichkeit dieses einen Weges, sondern es bedeutet auch ein vernichtendes Urteil über seine ganze Persönlichkeit, und in soundso vielen Fällen wird sich dann erweisen, daß es in den anderen Berufen auch nicht geht.

Professor Dr. *Homburger*-Heidelberg: Meine Anschauung deckt sich mit dem Herrn Vorredner vielleicht mehr, als es auf den ersten Blick scheint, wenngleich ein grundsätzlicher Unterschied vorhanden ist. Dieser bezieht sich auf den Anlagefaktor und seine Bedeutung. Die Menschen sind nicht gleich oder fast gleich nach der Anlage und nur verschieden nach Unwelt und Schicksal; sie sind sehr verschieden in ihren Anlagen und müssen danach beurteilt werden. Ich komme zur Beantwortung der einzelnen Fragen. Die erste Frage ging ungefähr darauf hinaus, ob die Alternative besteht: entweder Familienerziehung oder Heimerziehung. Da darf ich vielleicht ganz kurz einiges ergänzen. Ich war der Meinung, daß diejenigen in ein Heilerziehungsheim sollen, die auch in fremden Familien nach ihrer Art nicht erzogen werden können. Wenn ein Kind des Mittelstandes in eine fremde Familie gehen soll, so meine ich eine gesunde fremde Familie. Dann hat man die prozentuale Verdünnung, die man haben will, 1 auf 3 oder 1 auf 4, oder wie es sein mag. In Landerziehungsheimen ist es ein noch größerer Prozentsatz, 1 zu 10 oder 1 zu 12. Aber Gott sei Dank hat der gesunde Mensch noch einen Instinkt für das, was regelwidrig ist, und Gott sei Dank lehnt das gesunde Kind das abnorme Kind von einem gewissen Grade der Regelwidrigkeit an ab, und wir sollen das gesunde Kind nicht dazu zwingen, diesen natürlichen Instinkt zu verleugnen. Wir haben nicht nur die Pflicht der Sorge für psychopathische Kinder, sondern wir haben in allen pädagogischen Fragen und allen Stellungnahmen, die sich uns ergeben, auch die Pflicht der Sorge für die Erhaltung des gesunden und für die Erhaltung der Instinktsicherheit des gesunden Kindes.

Die andere Frage! Ich möchte es dahin zusammenfassen: Der Mensch muß bewahrt werden, und das psychopathische Kind vor allem, erstens, wie der Herr Vorredner sagte, vor der Resignation und zweitens, wie ich hinzufüge, sicher auch in seinem Sinn, vor dem Ressentiment, vor dem Groll, davor, daß es sich abseits stellt, daß es in innere Gegensätze gedrängt wird und sich selbst hineinarbeitet. Ich meine nicht, daß man einen Menschen, der Rechtsanwalt werden kann, nicht Rechtsanwalt werden lassen soll. Er soll es werden; aber nicht deshalb soll der Sohn Jurist werden, weil der Vater Justizrat oder Regierungsbeamter ist, der aus der juristischen Laufbahn hervorgegangen ist. Ich möchte mich noch einmal gegen die einseitige Überschätzung der akademischen Berufe wenden. Das Heil liegt wirklich nicht darin. Wir brauchen gescheite, lebenstüchtige, gebildete Menschen auch außerhalb der akademischen Berufe genug. Ein Jammer ist es, daß das deutsche Volk sie nicht hat, und daran kranken wir. Bildung heißt nicht allein akademische Bildung, und auch da, wo akademische Bildung oder ein Bildungsgang nach akademischen Grundsätzen möglich ist, muß er nicht zu einem der akademischen approbierten Berufe führen.

Zudem: Wir haben wohl mit dem Selbstgefühl des Menschen zu rechnen, und ich habe ausdrücklich die Erziehung des Psychopathen zum persönlichen Mut erwähnt und unterstrichen. Aber es ist nicht so, daß nur der Mangel an Mut in Betracht käme. Die Menschen haben verschieden viel Kraft und verschieden viel Mut. Es gibt Menschen mit viel Kraft und wenig Mut, es gibt Menschen mit viel Kraft und viel Mut, Menschen mit viel Mut und wenig Kraft. Das müssen wir unterscheiden. Einen Menschen mit wenig Kraft dürfen wir nicht dazu bringen, daß er sein ganzes Leben lang nur um der Betätigung seines Mutes willen an der Grenze des Versagens entlang schleicht. Solche Menschen, die sich mit Mut, oder sagen wir, mit dem Herausindividualisieren in die Freiheit, durchgesetzt haben zu einem Berufe, der Auftreten in der Öffentlichkeit fordert, die sich gegen alle Widerstände durchgesetzt haben, die ihr Milieu ihnen gebracht hat, sind in diesem Berufe nachher durchaus nicht immer glücklich. Sie sagen sich: Das habe ich durch Energie erreicht, das habe ich durch Mut erreicht, aber das kostet mich jeden Tag eine Unmasse von Kraft; was für eine Verantwortung liegt auf mir! Ist denn die Verantwortung in einem kleinen, natürlichen Lebenskreise nicht auch eine Sache, die den Menschen erfüllt? Die Frage ist nur, ob er sich davon erfüllen lassen will. Die Frage ist nur, ob wir überzeugend genug auf andere Menschen wirken, daß sie zurückkehren zu demjenigen Maß von Pflichttreue in der Lebensführung, das die Grundbürgschaft für das überhaupt mögliche persönliche Glück ist. Da kommt man mit allen Theorien nicht durch, das muß von Mensch zu Mensch und muß von Fall zu Fall entschieden werden.

Wer aber nach dieser Richtung hin erziehen will, der muß das im Auge behalten, was der Herr Vorredner gesagt hat. Gewiß keine Resignation und kein Ressentiment. Dazu gehört die Hochschätzung von Mensch zu Mensch und die Einschätzung des Menschen nicht nach seiner äußeren Lebensstellung. Sie sehen, diese Dinge hängen sehr stark zusammen mit sozialpsychologischen Fragen, die unsere Zeit überhaupt beherrschen. Es gibt wohl eine Individualpsychologie des Abnormen nach verschiedenen Gesichtspunkten, es gibt aber auch eine Individualpsychologie des Normalen, und sie ist nicht grundsätzlich von der des Abnormen verschieden, sie betrifft uns alle, sie betrifft unsere Stellung zu den Fragen des Lebens, sie betrifft unsere Stellung zu unserem eigenen Leben, und davon dürfen wir sie nicht loslösen; es gibt keine psychologische Richtung, keine psychiatrische Richtung, nach der *alles* entschieden werden kann. Davor müssen wir uns hüten. Wer aber einen jungen Menschen behüten will vor Resignation und vor Ressentiment, muß aus ihm selbst entwickeln, was er selbst will, wozu er selbst taugt und wozu er wirklich taugt, zu dem, was sein Leben bestimmen und erfüllen kann. Dazu muß er ihm die beste Ausbildung geben, die es überhaupt gibt, unter Anspannen seiner Energie, unter Herausholen seiner Begabung und damit unter Begründung seines Vertrauens zu *den* Kräften, die er *wirklich* besitzt.

Ruth v. der Leyen-Berlin: Ich möchte zunächst das Wort nehmen zu der *Bedeutung der Erziehungsberatungsstellen für Kinder* (Eltern) *des Mittelstandes.*

Herr Professor *Homburger* betonte schon, wie schwer es den Eltern dieser Kreise werde — wie ungewohnt es für sie sei — sich an eine amtliche Stelle zu wenden. Ich bin, nach den eigenen Erfahrungen, der Überzeugung, daß die aus privater Initiative eingerichteten Beratungsstellen für Heilerziehung, die in ihrer Eigenart der privatärztlichen Praxis — im Gegensatz zur poliklinischen Beratung — am nächsten stehen, am ersten geeignet sind, die Scheu vor der Inanspruchnahme fremder Erziehungsberatung zu überwinden. Vorbedingung hierfür ist engste Zusammenarbeit mit dem Arzt, sowie gründliche Kenntnis heilpädagogischer Möglichkeiten.

Dann noch eine *Organisationsfrage.* Professor *Homburger* forderte, daß der Staat die Initiative ergreifen müsse zur Einrichtung von Heilerziehungsheimen im Sinne der Landerziehungsheime. So sehr wir uns wohl alle damit einverstanden erklären können, daß eine solche aktive Teilnahme von Staaten und Reich an der Lösung des Unterbringungsproblems psychopathischer Kinder und Jugendlicher aus dem Mittelstand gefordert werden muß, so sehe ich mich doch gezwungen, aus zweierlei Gesichtspunkten zur Vorsicht zu raten.

Die heilpädagogische Betreuung psychopathischer Kinder und Jugendlicher blickt noch auf eine verhältnismäßig kurze Zeitspanne zurück. Die Erfahrungen, die wir über die Möglichkeit der Heilerziehung in Heilerziehungsheimen, Landerziehungsheimen, Anstalten haben, sind durchaus noch nicht soweit gereift, daß man hier von grundsätzlichen Ergebnissen sprechen könnte; im Gegenteil: wir sind noch im Tasten, im Versuchen, wir bemühen uns noch, Wege zu finden, die allgemeingültig als Wege der Heilerziehung angesprochen werden können.

Nach den allgemeinen Erfahrungen der freien Wohlfahrtspflege — dies ergibt sich aus der Entwicklung aller der Gebiete, die aus den Händen der freien in die der öffentlichen Jugendhilfe übergegangen sind — darf eine Aufgabe der Jugendfürsorge oder der Jugenderziehung aber erst dann durch staatliche Organe übernommen werden, wenn ihre Lösung zu einem gewissen Abschluß gekommen ist, und so weit sind wir in bezug auf die Heilerziehung psychopathischer Kinder noch nicht. Ich glaube, daß die Organisationen, die sich mit der Heilerziehung psychopathischer Kinder beschäftigen, sich ins eigene Fleisch schneiden würden, wenn sie durch Abgabe der Einrichtung von Heilerziehungsheimen an Staat und Reich die Heim-Heilerziehung in einen engen Rahmen, in ein starres System pressen würden. Aufgaben der öffentlichen Jugendhilfe müssen aus dem Stadium des Versuchs und des Tastens bereits zu einer festen Fassung emporgereift sein, sonst werden sie in ihren Entwicklungmöglichkeiten geschädigt.

Noch ein anderer Gesichtspunkt heißt mich warnen. Wir können erst die allgemeine Einrichtung vieler Heilerziehungsheime propagieren, wenn wir auch die Persönlichkeiten haben, die diese Heime leiten, die hier die Erziehungsarbeit leisten können. Einstweilen sehe ich aber sowohl aus eigener Erfahrung, als auch aus den mancherlei Zuschriften und Anfragen, die von privater, städtischer und staatlicher Seite an mich gelangen, daß an genügend vorgebildeten, geeigneten und begabten Erzieherpersönlichkeiten für die Aufgaben der Heilerziehung, ganz zu schweigen von leitenden Persönlichkeiten, noch ein außerordentlicher Mangel besteht. Und das ist auch kein Wunder, denn eine systematische Ausbildung kann erst erfolgen, nachdem man zu einer gewissen Systematik der Heilerziehung gekommen ist. Ich betonte aber schon eingangs, daß wir erst gerade anfangen, zu einem gewissen System heilerzieherischer Beeinflussung bei psychopathischen Kindern und Jugendlichen zu gelangen, daß wir noch während der Bemühungen um ein solches System ständig am Werk sind, um in die Kenntnis der psychopathischen Konstitution, der psychopathischen Reaktionen einzudringen.

Dr. *Ritter*-München weist auf die Notwendigkeit hin, heilpädagogische Beratungsstellen und Heilerziehungsheime für schulentlassene Jugendliche beiderlei Geschlechts zwischen 18 und 21 Jahren zu schaffen. Er wünscht „ein Äquivalent für diese Gruppe von Jugendlichen des Mittelstandes“ entsprechend dem, was die Fürsorgeerziehung bietet.

Landesrat *Roscher-Schmidt* fragt nach der Organisation der Provinzial-Kinderanstalt für seelisch Abnorme in Bonn.

Landesrat Dr. *Wiehl*-Düsseldorf gibt hierüber ausführliche Auskunft.

Dr. *Weinmann* (München): Zunächst eine praktische Anregung zu der Frage, wie wir den schwer erziehbaren Kindern des Mittelstandes helfen können. Es ist gewiß eine Forderung, die alle freudig unterstützen, daß der Staat sich dieser Kinder annimmt und uns hilft, Heime zu errichten. Aber, wie schon Herr Prof. *Stier* bemerkte, ich glaube, das ist vorläufig ein Programm und liegt noch in ziemlich weiter Zukunft. Es gibt aber praktische Wege, um der Verwirklichung dieses Zieles näher zu kommen, und da sind 2 zu nennen. Ich möchte mich auch hierin dem anschließen, was Prof. *Stier* gesagt hat, daß es wohl zunächst der privaten

Initiative obliegen wird, mit gutem Beispiel voranzugehen. Ich darf mir vielleicht den Hinweis darauf erlauben, was in Bayern in dieser Richtung geleistet worden ist. Ich denke an einige private Erziehungsheime, die teils in der Stadt, teils auf dem Lande errichtet worden sind und bei mäßigen Sätzen Kindern des Mittelstandes, die schwer erziehbar sind, eine angemessene Behandlung und einen angemessenen Unterricht zu teil werden lassen. Eins ist in München, und weitere, die sich noch in der Entwicklung befinden, sind in Hindelang im bayerischen Algäu und in Reichenhall. Ich darf dabei erwähnen, daß auch in Wien und in Berlin solche Kinderheime existieren. Ich glaube, daß ein weiterer Schritt der sein muß, das Interesse der Behörden zu gewinnen, ihnen zu zeigen: so wird hier gearbeitet. Bei dem nötigen Interesse läßt sich dann wohl auch der Weg finden, daß auch der Staat uns unterstützt und vielleicht mit der Errichtung eines eigenen Heimes Versuche macht. Wir müssen nur zeigen: das und das ist geleistet und kann geleistet werden.

Dann wurde auch gestreift, daß in der offenen Fürsorge noch sehr viel für solche Kinder zu erreichen ist. Da muß gesagt werden, daß man in Wien unter der Führung Dr. *Alfred Adlers* seit vielen Jahren vorangegangen ist mit der Errichtung von Erziehungsberatungsstellen für schwer erziehbare Kinder. Solche Beratungsstellen bestehen heute in Wien bereits 22 in verschiedenen Stadtbezirken. In München haben wir deren 3. Sie bestehen auch in Berlin und in Hamburg, und weitere sind im Entstehen begriffen. Allerdings haben diese Erziehungsberatungsstellen sich vorläufig hauptsächlich mit Volksschulkindern beschäftigt. Das ist aber nur eine Frage der Organisation. Schwierigkeiten bestehen nicht, diese Erziehungsberatung und Fürsorge auch auf Kinder des Mittelstandes, also der höheren Schulen, auszudehnen. Erforderlich würde nur sein eine Werbung durch Vorträge, eine Fühlungnahme mit den Schulbehörden. In München können wir mit Genugtuung feststellen, daß die oberste Schulbehörde den Bestrebungen durchaus geneigt gegenübersteht und sie mit allen Kräften unterstützt. Das läßt sich sicher auch in anderen Staaten erreichen.

Es wäre reizvoll, würde aber vielleicht zu weit führen, auf ein psychologisches Problem einzugehen, das angeschnitten wurde im Anschluß an das, was *Wexberg* gesagt und *Homburger* entgegnet hat. Ich möchte es nur ganz kurz streifen, weil ich es für grundsätzlich wichtig halte und weil ich mich nicht zu der Auffassung bekennen kann, daß Prof. *Homburger* und uns eine so große Verschiedenheit der Meinungen trennt, wie es vielleicht den Anschein haben könnte. Es betrifft die Frage der Resignation bzw. der Entmutigung. Wir glauben nicht daran, daß ein Mensch mit bestimmten Quantitäten von Mut oder Kraft geboren wird. Wenn ich nur eins erwähnen darf: ein Athlet wie Sandow, der weltberühmt geworden ist, ist nicht als ein kräftiges Kind geboren, sondern Sie sehen in seiner Selbstbiographie und an seinen Kinderbildern, daß er ein ausgesprochen schwächliches Kind war, daß er aus dem Gefühl seiner Schwäche den Ansporn gefunden hat, ein starker Mann zu werden. Man kann also nicht behaupten, daß er als Athlet geboren wurde, sondern er hat sich zum Athleten heraufgearbeitet aus dem Gefühl der Schwäche. Mit dem Mut ist es ganz ähnlich. Vor allen Dingen möchte ich eins zu bedenken geben. Es ist kein Kunststück, den Mutigsten zu entmutigen. Man kann sich anheischig machen, auch jedes normale Kind durch eine geeignete Behandlung, d. h. durch eine ungeeignete Behandlung vom Standpunkt des Psychiaters, zu entmutigen. Davor müssen wir uns vor allen Dingen hüten. Ich glaube, wir werden unsere Aufgabe darin sehen müssen, auch den Mutlosesten zu ermutigen.

Vorsitzender Prof. Dr. *Siegmund-Schultze* (Berlin): Darf ich 2 Bemerkungen einfügen, damit wir uns alle auch gut verstehen? 1. Die offene Fürsorge tritt etwas mehr zurück in dem Referat und in der Aussprache, weil die Besonderheit der offenen Fürsorge für Psychopathen des gebildeten Mittelstandes nicht soviele Probleme stellt, wie die Heimbehandlung. Und 2., was noch wichtiger ist, daß es Erziehungsberatungsstellen und zwar auch in der von dem Herrn Vorredner geschilderten Weise schon längst gegeben hat, ehe Dr. *Adler* sie eingerichtet hat, daß insbesondere auch die Arbeit von Prof. *Homburger* schon sehr viel früher erfolgt ist gerade in Erziehungsberatungsstellen.

Professor Dr. *Homburger*-Heidelberg: Gestatten Sie mir noch einige kurze Nachträge. Bezüglich der heilpädagogischen Beratung haben wir aus früheren Erfahrungen in Heidelberg den Schluß gezogen, daß wir die heilpädagogische Beratungsstelle, die wir 1917 eröffnet haben und die nun über 9 Jahre besteht, nicht nur vom Dienst des Jugendamts und der Behörden überhaupt losgelöst haben, sondern auch losgelöst haben von der psychiatrischen Klinik der Universität. Ich habe sie aus diesen Gründen im Einvernehmen mit der Kinderklinik in die Ambulatoriumsräume der Kinderklinik gelegt. Das erleichtert die ganze Angelegenheit ungeheuer. Man geht ganz gern mit dem Kind in die Kinderklinik, man geht aber nicht gern mit dem Kind sogleich auf das Jugendamt, noch viel weniger gern in die Provinzialheilanstalten. Also ich möchte für die Errichtung von heilpädagogischen Beratungsstellen diese Erfahrung zur Nachahmung empfehlen. Wenn Sie es irgend machen können, gliedern Sie die heilpädagogische Beratungsstelle an ein Kinderkrankenhaus an. Dahin geht man ohne Widerstreben, dort können die Kinder, wenn erforderlich, auch fachärztlich körperlich untersucht werden. Wenn man mit Behörden zusammenarbeiten will, dann ist die günstigste Situation die, daß man sich ihnen ganz allgemein zur Verfügung stellt; sie ist immer viel angenehmer, als wenn man von ihnen nur hie und da herangezogen wird.

Herr *Ritter* hat die Frage aufgeworfen, was man denn mit den jugendlichen Psychopathen im Alter bis 21 Jahren tun soll. Er hat ganz recht, daß diese Frage besonders schwierig ist. Aber wir können bei diesem Alter nicht dasselbe tun wie beim Kind, da kommen wir nicht zum Ziel. Mit 18 Jahren ist man auch noch kein erwachsener Mensch. Aber weil man es noch nicht ist, so muß man es werden, und der jugendliche Psychopath kann in diesem Abschnitte seiner Entwicklung Hilfe erhalten. Hierzu ist eine lockere Fürsorge erforderlich, eine Fürsorge in der Art einer Jugendorganisation, wie wir sie auch schon haben; und ich glaube, wenn wir die jugendlichen Psychopathen, die sich in bezug auf die Eignung für die Eingliederung in eine Jugendorganisation durchsetzen und die Organisation für die Eignung zur Aufnahme von Psychopathen, so findet sich auch in jeder Jugendorganisation der eine oder andere, der sich auch zum Führer für diese Psychopathen eignet. Sie dürfen nicht abseits stehen, denn wir wollen mit der Psychopathenerziehung doch erreichen, daß wir sie gerade dazu erziehen, mit anderen ohne Reibung und Schwierigkeiten auszukommen. Deswegen müssen wir diese Jugendorganisationen haben. Die geeigneten Leute dafür zu bekommen, das ist eben die eigentliche Aufgabe, darauf kommt es an. Jedenfalls ist die Frage wichtig genug.

Kollege *Wiel* hat eben auf das Heim der rheinischen Provinzialverwaltung hingewiesen. Das ist etwas ganz Ähnliches wie in Heidelberg, wo das Erziehungsheim auch zur Beobachtung dienen soll. Die Regel aber ist, daß wir die Kinder im „Siebenmühlenthal" vom 6. bis 14. Lebensjahre behalten. Dann kommt die 4jährige Spanne des gesetzlichen Jugendalters vom 14. bis 18. Jahre, für welches die von Herrn *Ritter* gegebene Anregung einschlägig ist; in dieser Frist drängt sich außerordentlich dicht eine stürmische Phase der menschlichen Entwicklung zusammen. Was die Prognose unserer täglichen Arbeit anbelangt, so muß man natürlich Optimist dem Grunde nach sein. Aber ein gesundes Maß von Kritik muß man schon an seine eigene Tätigkeit anlegen. Man soll nie sagen, in so und soviel Zeit erreicht man etwas bei diesem und jenem Kinde. Eines haben wir, das macht anfangs große Schwierigkeiten und es gibt ernste Konflikte, dann aber läßt es sich verhältnismäßig leicht führen und die Prognose erweist sich günstig. Der andere macht dauernd Schwierigkeiten, weil er schwer abseitig *veranlagt* ist, und der Einfluß des neuen Milieus setzt sich nur sehr langsam durch. Ich will hoffen, so wird man in solchen Fällen sagen können, daß ich in 2—3 Monaten soweit bin, *ungefähr* sagen zu können, was von dem Kinde zu erwarten ist. Aber manchmal erlebt man, daß man erst nach Jahren eine genügende prognostische Sicherheit gewinnt.

Ich möchte auf Grund dieser Erfahrungen davor warnen, von einer kurzfristigen Heilerziehung eine den *Kern* der kindlichen Persönlichkeit treffende Einwirkung zu erwarten oder gar zu versprechen. Wo wir nur eine offene Fürsorge zu brauchen meinen, da sind wie gesagt die Jugendorganisationen u. U. eine gute Hilfe. Es kommt nicht darauf an, daß die Jugendführer wissenschaftlich heilpädagogisch durchgebildete, sondern daß sie sichere, feste und zuverlässige Menschen sind; und die Unterweisung die wir ihnen für unsere Schutzbefohlenen geben, muß zwar von uns für uns wissenschaftlich durchdacht und begründet sein, dem Jugendhelfer aber in volkstümlicher, ihm verständlicher Weise, jedoch präzis und exakt gegeben werden. So wird man mit diesem Hilfsmittel den besten Erfolg erzielen können. Von diesen leichten Fällen sind aber sehr wohl die schweren zu unterscheiden, welche in ein Landerziehungsheim kommen müssen. Mit ihnen soll man nicht zwecklose Vorversuche machen. Sonst durchsetzt man die Jugendorganisationen des Mittelstandes mit schwer Abnormen, die dort nur Schaden anrichten können und selbst keinen Nutzen haben.

Der Vorsitzende Professor Dr. *Siegmund-Schultze* schließt die Aussprache.

Haltlose Psychopathen.

Von

Von Professor Dr. **F. Kramer**-Berlin.

Wenn wir die Gruppe der haltlosen Psychopathen abgrenzen, so geschieht dies in der Regel von zwei Gesichtspunkten aus. Auf der einen Seite haben wir das äußere Verhalten der Jugendlichen im Auge, ihre Unfähigkeit, sich dem geordneten Leben einzufügen, ihre Unstetigkeit im Erfüllen von Pflichten, ihre Neigung zu asozialen und kriminellen Handlungen. Auf der anderen Seite wollen wir mit der Bezeichnung „haltlos" aber eine ganz bestimmte psychische Struktur ausdrücken. Wir wollen damit kennzeichnen, daß es sich nicht um eine aktive Asozialität handelt, nicht um ethische Defekte im eigentlichen Sinne, sondern daß der Mangel an innerem Halt die Ursache der abnormen Lebensführung ist, daß mangelnder Widerstand gegen äußere und innere Impulse, ein mehr passives Hinabgleiten zugrunde liegt. Wenn wir von dieser allgemeinen Charakterisierung ausgehen, so finden wir, daß es sich um keine in psychopathischer Beziehung einheitliche Gruppe handelt, sondern daß die psychologische und psychopathische Grundlage, auf der sich die Haltlosigkeit aufbaut, sehr verschiedenartiger Natur sein kann. Es ist nicht möglich, auf Grund dieser Differenzen eine Untereinteilung in Gruppen vorzunehmen, da die verschiedenen Ursachen sich im Einzelfalle in mannigfacher Weise kombinieren und durchkreuzen. Wir können nur so vorgehen, daß wir die psychischen Momente, die für die Entstehung der Haltlosigkeit im allgemeinen in Betracht kommen, erforschen, und daß wir dann im Einzelfalle festzustellen suchen, welche Faktoren von maßgebender Bedeutung gewesen sind. Wir werden auch erkennen, daß keineswegs immer die einzelnen psychischen Elemente für die Entstehung der Haltlosigkeit von Bedeutung sind, sondern daß gerade die Art der Kombination der psychischen Einzelfaktoren, das Zusammentreffen gegensätzlicher Strebungen in demselben Menschen, und die sich daraus ergebende Disharmonie der Persönlichkeit das Ausschlaggebende sind. Der Verschiedenheit der psychischen Struktur entsprechen auch vielfach Unterschiede im äußeren Verhalten, so daß sich aus diesen schon Hinweise in der einen oder anderen Richtung ergeben. Das ist aber keineswegs immer der Fall; denn wir beobachten, daß auch sehr verschiedenartige psychische Faktoren zu einer sehr ähnlichen Lebensführung Veranlassung geben können. Wenn ich hier zunächst das äußere Verhalten der Haltlosen schildere, so kann ich mich hierin kurz fassen, da dieses allgemein zu bekannt ist, als daß eine ausführlichere Schilderung erforderlich wäre. Auch wird das hier nur in ganz groben Zügen gezeichnete Bild im Verlaufe der weiteren Erörterungen Ergänzung finden.

Die Haltlosigkeit tritt vorwiegend bei den Jugendlichen nach der Schulentlassung und noch später zutage, während wir ihr bei den Kindern seltener begegnen. Es liegt dies nicht daran, daß die Charakterzüge, die in den späteren Jahren des Jugendalters das abnorme Verhalten bedingen, im Kindesalter nicht schon vorhanden waren. Aber wir verlangen vom Kinde noch nicht, daß es sich im Leben selbständig verhält. Es ist seiner Natur nach bis zu einem gewissen Grade haltlos und bedarf auch unter normalen Umständen der Stütze der Erwachsenen und des Schutzes vor fremden Einflüssen. Erst dann, wenn das Kind in das Alter kommt, in welchem wir von ihm eine gewisse Selbständigkeit und eigene Willensentschlüsse verlangen, tritt der Defekt klar zutage.

In einem Teil der Fälle äußert sich allerdings das abnorme Verhalten bereits in der Schulzeit oder auch noch vorher. Wir können nicht selten, wenn im späteren Jugendalter die auffälligen Charakterzüge hervorgetreten sind, rückblickend in kleinen Anzeichen aus den früheren Lebensjahren die Vorboten erkennen. Diese Kinder zeigen in der Schule wenig Ausdauer; trotz guter Ansätze, versagen sie schnell wieder, sind ungleichmäßig in ihren Leistungen, schwänzen die Schule, begehen auch schon in diesem Lebensalter kleinere oder größere Diebstähle. Das ist aber nicht immer der Fall. Manche Jugendliche, die sich zu Haltlosen entwickeln, können sich in der Schulzeit und in den ersten darauffolgenden Jahren einwandfrei und praktisch unauffällig führen. Das charakteristische Lebensalter, in dem die Haltlosigkeit offenbar wird, ist meist der Beginn des Berufslebens; sie tritt um so stärker hervor, je größer die Selbständigkeit ist, die den Jugendlichen im Hause und in ihrer Berufstätigkeit gewährt wird. Im Berufe selbst versagen sie meist schnell. Während anfangs ihre Leistungen ausreichen, oft sogar besonders gut sind, während sie sich zuerst oft schnell in die Tätigkeit einarbeiten, mangelt es ihnen an Nachhaltigkeit. Sie werden unzuverlässig in der Erfüllung der Pflichten, kommen zu spät zur Arbeit, vernachlässigen als Studenten ihr Studium, werden aus den Stellungen entlassen, oder bleiben bei mehr oder minder geringfügigen Anlässen, bei Tadel wegen ihrer Nachlässigkeit weg. Gegen Zurechtweisungen sind sie empfindlich; vielfach gibt dies Veranlassung zu Auflehnungen, sie lassen sich nichts gefallen, geben grobe Antworten, und auch das führt wieder zum Verlassen der Stellen. Nicht nur die Stelle wird oft gewechselt, sondern auch der Beruf. Sie entdecken, daß die Tätigkeit nicht die geeignete war, und daß ihr Versagen auf die falsche Berufswahl zurückzuführen sei, sie satteln im Studium um; aber auch in dem neuen Berufe wiederholt sich das alte Spiel.

Bei dem Berufswechsel zeigt sich oft eine Neigung zu ungewöhnlichen Berufen, insbesondere zu solchen, in denen sie sich interessant vorkommen.

Frühzeitig kommt es dann schon zu kriminellen Handlungen, Diebstählen, Unterschlagungen, kleinen Betrügereien. Oft ist hier der kritische Moment der Zeitpunkt, an dem ihnen zum ersten Male Geld anvertraut wird, und wo sie der Verlockung, sich dieses anzueignen, nicht widerstehen können. In anderen Fällen werden diese Delikte nicht selbständig ausgeführt, sondern sind vorwiegend auf die Verleitung durch andere zurückzuführen. Die Beschäftigung in einem Betriebe, in dem gewohnheitsmäßig Diebstähle durch andere geschehen, erweist sich als besonders verhängnisvoll, auch werden sie als Werkzeuge älterer, aktiverer Elemente zu solchen Strafhandlungen benutzt. Das Geld dient ihnen zur Befriedigung ihrer Bedürfnisse, die sie von den rechtmäßig ihnen zur Verfügung stehenden

Mitteln nicht bestreiten können. Sie sind meist eitel, wollen sich gut kleiden, aber vor allem verbrauchen sie das Geld zum Aufsuchen von Vergnügungen. Sie treiben sich in ihrer freien Zeit oder auch während der Geschäftszeit in Vergnügungslokalen herum, besuchen Rummelplätze, Cafés mit gleichaltrigen Kameraden, auch schon frühzeitig in der Gesellschaft von Mädchen. Das hierbei verbrauchte Geld veranlaßt sie zum Schuldenmachen, zu Betrügereien und immer neuen Diebstählen. So kommen sie mit dem Strafgesetz in Konflikt, werden bestraft. Die Vorstrafe erschwert es ihnen noch mehr, neue Stellen zu bekommen, so werden sie schließlich beschäftigungslos, fallen ihrer Familie zur Last. Da, wo sie durch die Gunst der äußeren Umstände, wie es in besser situierten Kreisen häufig der Fall ist, vor der Bestrafung bewahrt werden, können sie mit der Zeit der Ruin der Familie werden. Um sie vor Bestrafung zu schützen, muß immer wieder das Gestohlene ersetzt, ihre Schulden müssen bezahlt werden, bis schließlich die Eltern dies nicht mehr können oder wollen und sie ihrem Schicksal überlassen. So kommen sie allmählich in eine vollkommen asoziale Laufbahn hinein, bis sie je nach dem Grade ihrer Aktivität, Landstreicher oder Gewohnheitsverbrecher werden. Wo äußere Gewandtheit, genügende Phantasiebegabung, Neigung zu Pseudologien vorhanden sind, entwickelt sich oft eine ausgesprochene Hochstaplerlaufbahn. Bei den Mädchen ist das Verhalten ähnlich wie bei den Knaben, nur daß hier die sexuelle Depravation meist frühzeitig zutage tritt, so daß sie schließlich in der Prostitution enden. Ich möchte auf die Beziehung der Prostitution zur Haltlosigkeit nicht näher eingehen, da dies ein gesondert zu behandelndes Thema ist, und nur betonen, daß ein erheblicher Teil der Prostituierten unserem Typus angehört. Auch bei den männlichen Haltlosen ist die Gefahr, unter die männlichen Prostituierten zu geraten, nicht gering einzuschätzen.

Dies ist etwa der Lebensgang der Haltlosen, wie er sich in ungünstig verlaufenden Fällen abspielt. Naturgemäß ist dies keineswegs immer der Fall, insbesondere dann nicht, wenn ein rechtzeitiger fürsorgerischer und erzieherischer Eingriff erfolgt ist. In anderen Fällen ist die haltlose Lebensführung nur eine Episode, die mit zunehmender Reifung überwunden wird, wenn nicht das frühzeitige soziale Scheitern eine Rückkehr zu einer geordneten Lebensführung unmöglich gemacht hat.

Wir wenden uns nun den einzelnen psychischen Phänomenen zu, die sich bei den Haltlosen vorfinden, und die wir für die Grundlage ihres besonderen Verhaltens ansehen müssen. Hier wird in der Regel die Willensschwäche in den Mittelpunkt gestellt. Es ist keine Frage, daß dieses Moment auch bei oberflächlicher Betrachtung schon stark in den Vordergrund tritt. Wir sehen bei den Haltlosen immer wieder die Unfähigkeit,

Entschlüsse zu fassen, die Unfähigkeit, das, was sie sich vorgenommen haben, durchzuführen. Sie nehmen wohl einen Anlauf, ihre Willensleistung läßt aber bald nach und versagt schließlich ganz. — Es liegt über der Persönlichkeit des Haltlosen in der Regel etwas Asthenisches, etwas Energieloses. Als Korrelat der Willensschwäche sehen wir eine erhebliche Beeinflußbarkeit, sie geraten leicht unter die Herrschaft eines fremden stärkeren Willens, sei es in gutem oder schlechtem Sinne. Ebenso leicht, wie sie sich unter guter Leitung eine Zeitlang einwandfrei führen, geraten sie unter die Macht schlechter Elemente, von denen sie mißbraucht, ausgenutzt und zu üblen Handlungen verleitet werden. Es wird ihnen immer schwer, sich einem stärkeren Willen gegenüber zu behaupten und durchzusetzen. Auch ihren eigenen Impulsen und Triebregungen unterliegen sie in abnorm leichter Weise.

Ich möchte aber nicht glauben, daß wir die Willensschwäche als das zentrale Phänomen der Haltlosigkeit ansehen dürfen. Wir dürfen sie auch nicht isoliert aus dem Zusammenhang des gesamten psychischen Geschehens herausgreifen und allzusehr als isoliertes Phänomen betrachten. Was äußerlich als Willensschwäche erscheint, ist vielfach nur ein sekundäres Phänomen, dessen Wurzeln sich nach vielen Richtungen hin erstrecken. Wir müssen auch beachten, daß wir vielen Willensschwachen begegnen, deren Lebensgang vollkommen geordnet ist und keinerlei Ähnlichkeit mit unserer Gruppe zeigt, Menschen, die ein ruhiges, geordnetes Leben suchen und in diesem auch dauernd beharren. Andererseits treffen wir bei den Haltlosen auch erhebliche Willensleistungen an. Die Willensleistung eines Menschen ist in weitem Maße abhängig von den Zielen, auf die der Wille gerichtet ist, und von der Stärke und Nachhaltigkeit der Affektbetonung, die mit diesen verbunden sind; gerade diese vermissen wir bei den Haltlosen. Bei ihnen zeigen mehr oder minder alle Erlebnisformen eine geringe Intensität, die Affekte sind bei ihnen nur schwach oder bei augenblicklich starker Intensität flüchtig und wenig nachhaltig. Aber auch da, wo wir momentan stärkere Affektbetonung oder eine erhebliche Intensität des Erlebens finden, ist die mangelnde Stetigkeit der Ziele ein hervorstechendes Kennzeichen. Der Haltlose schwimmt meist in der augenblicklichen Situation, ergreift diese zwar nicht selten mit ausreichender Intensität, aber mit jedem Wechsel der äußeren Umgebung, mit jedem Wechsel der inneren Situation ändert sich auch das Ziel, und er ist in der Regel nicht imstande, das gleiche Ziel auch unter verschiedenen Situationen und verschiedenen Bedingungen planmäßig zu verfolgen. Unter verschiedenen äußeren Bedingungen erscheint er immer wieder als ein anderer Mensch. Ich möchte meinen, daß diese Labilität der Persönlichkeit, diese mangelnde Stetigkeit der Zielsetzung, die geringe Intensität und Nachhaltigkeit des Erlebens nicht die Folge der Willensschwäche ist, sondern die Ursache des Verhaltens, das wir als Willensschwäche deuten. Eine Bestätigung finden wir darin, daß der Haltlose zu erheblichen Willensleistungen fähig ist, wenn Inhalte vorliegen, die stärkere und nachhaltige Intensität und Affektbetonung besitzen, und daß nach der Art des Zieles Willensschwäche und gute Willensleistung bei demselben Menschen nebeneinander bestehen können.

Diese Erwägungen sind praktisch von Bedeutung, weil uns hierdurch ein Weg gewiesen wird, auf dem wir den Haltlosen zu dauernden Leistungen bringen können, indem wir Gebiete suchen, auf denen er einer intensiveren und anhaltenden Affektbetonung fähig ist.

Dann noch ein anderer Gesichtspunkt: der Haltlose *will* zwar oft, kann aber seinen Willen nicht zur Durchführung bringen, nicht wegen der Schwäche seines Willens, sondern weil sich innere Hindernisse in den Weg stellen. Die passiven empfindsamen Psychopathen unterliegen fast dauernd inneren Schwierigkeiten, durch die sie in ihrem Handeln gehemmt und behindert werden. Sie verbinden mit Erlebnissen, die für den Normalen indifferent sind, unangenehme Affektbetonungen, deren Überwindung erhebliche Anforderungen an sie stellt. Alle diese Schwierigkeiten und Hemmungen müssen von ihnen überwunden werden, sie müssen sich Handlungen, die beim Normalen ohne Hindernisse und automatisch ablaufen, mühsam abringen, und so wird ihrer Willensleistung fortdauernd viel mehr zugemutet, als der des Normalen, und diesen Anforderungen erliegen sie schließlich. Der Normale bringt es in seiner Tätigkeit meist binnen kurzer Zeit zustande, die Leistungen, die der Beruf von ihm verlangt, zum großen Teil ganz automatisch ohne besondere Entschlüsse auszuführen; er kann die Pflichterfüllung gewissermaßen mechanisieren. Das fällt dem Haltlosen gerade ganz besonders schwer. Bei der beruflichen Tätigkeit hat er dauernd innere Widerstände zu überwinden; kleine Unannehmlichkeiten, die der Gesunde spielend bewältigt, sind für ihn ein schweres Affekterlebnis, so daß er zur Pflichterfüllung einer dauernden Willensanstrengung bedarf. Hierdurch kann eine Willensschwäche vorgetäuscht werden oder zum mindesten größer erscheinen, als sie tatsächlich ist.

Ein weiteres Merkmal, das allerdings den Haltlosen in sehr verschiedenem Grade anhaftet, ist ihre innere Unruhe. Dieses Moment unterscheidet sie von den stillen, fügsamen Willensschwachen, auf die oben hingewiesen wurde. Die Unruhe erzeugt in ihnen ein Betätigungsbedürfnis, das nach außen hin scheinbar als Aktivität sich darstellen kann; sie unterscheidet sich jedoch von dieser durch die mangelnde Gerichtetheit. Es ist weit weniger ein bestimmtes Ziel, das konsequent verfolgt wird, als der Wunsch, aus der inneren Unruhe heraus sich in irgendwelcher Weise zu betätigen. Geringe Konsequenz in der Verfolgung des einmal eingeschlagenen Weges, stets wechselnde Ziele sind die Kennzeichen dieses Verhaltens. Hiermit ist oft eine starke Impulsivität verbunden, Triebanregungen oder Impulse anderer Art führen in besonders schneller Weise, manchmal geradezu in Kurzschlußreaktionen zu unbesonnenen Handlungen. Diese Momente der inneren Unruhe, des Betätigungsbedürfnisses, der Impulsivität sind in den einzelnen Fällen in sehr verschiedenen Graden ausgeprägt, und gerade die Differenzen in dieser Beziehung bedingen oft die Mannigfaltigkeit in dem äußeren Verhalten des Haltlosen. Wir sehen auf der einen Seite die mehr stillen passiven Haltlosen, deren Versagen meist auf Unterlassungen beruht, die sich verhältnismäßig gut unter einen übergeordneten Willen fügen, und nur dann scheitern, wenn Selbständigkeit und Aktivität von ihnen verlangt wird. Auf der anderen Seite sehen wir die lebhafteren Elemente, die immer wieder etwas Neues ergreifen, auch häufig eine nicht unbeträchtliche Gewandtheit zeigen, und bei denen es dann zu aktiveren, asozialen Handlungen kommt; durch ihre äußere Gewandtheit und die Lebhaftigkeit, mit der sie sich auf neue Aufgaben stürzen, können sie zunächst über ihren wahren Charakter hinwegtäuschen. Zwischen diesen Extremen bestehen in mannigfachster Weise alle Abstufungen. Wir finden dann von der Gruppe der lebhafteren Elemente allmählich den Übergang zu denjenigen, die mit echter Aktivität asoziale Ziele verfolgen und nicht mehr zu den eigentlichen Haltlosen zu rechnen sind.

Viele der Haltlosen gehören dem Typus der weichen empfindsamen Psychopathen an. Unter den Merkmalen dieses Typus wirkt meines Erachtens nicht nur Willensschwäche und Passivität bei der Entstehung der Haltlosigkeit mit, sondern auch die gesteigerte Empfindsamkeit spielt hierbei eine, wie ich glaube, nicht ganz unerhebliche und nicht genügend gewürdigte Rolle. In den späteren Stadien der Entwicklung, in denen die Haltlosen meist erst in unsere Beobachtung gelangen, ist diese Empfindsamkeit schwerer nachweisbar, weil sie überdeckt und verschleiert ist. Wenn wir die Haltlosen frühzeitig sehen oder in der Lage sind, gute Anamnesen aus der Kindheit zu erheben, so tritt dieses Moment oft deutlich hervor, und auch, wenn man den älteren Haltlosen näher kommt, gelingt es nicht selten, unter dem überdeckenden Mantel diese Züge zu erkennen. Die Überempfindlichkeit prägt sich, wie schon vorher angedeutet wurde, in erster Linie darin aus, daß Erlebnisse als unangenehm empfunden werden, die für den Normalen indifferent sind. Das gilt meist in gleicher Weise für elementare Sinnesempfindungen wie für komplexe Erlebnisse. Die Überempfindlichkeit Sinnesempfindungen gegenüber bedeutet praktisch für den Psychopathen vielfach eine Hemmung im Beruf, da das Störende von Geräuschen und Gerüchen u. a. ihnen eine Tätigkeit, zu der sie sonst sich hingezogen fühlen, verleiden und das Einleben und Anpassen in ihr erschweren. Wichtiger ist die Überempfindlichkeit affektiven Erlebnissen gegenüber. Hartangefaßtwerden, Scheltworte oder sonstige grobe Behandlung, Ungerechtigkeiten werden von ihnen stärker empfunden und schwerer überwunden, als es sonst der Fall ist. Alles dieses schafft für sie Hemmungen und Erschwerungen, die für den Normalen nicht vorhanden sind. Das Einleben in fremde Verhältnisse und die Einordnung in einen neuen Beruf ist für sie deshalb oft besonders schwierig. Ihre mangelnde Ausdauer und die Unmöglichkeit, sich an eine anhaltende Pflichterfüllung zu gewöhnen, ist, wie ich glaube, zum erheblichen Teil neben der Willensschwäche und Unruhe auf dieses Moment zurückzuführen. Es wirkt auch oft in entscheidender Weise dabei mit, sie zu dem häufigen und für sie oft verhängnisvollen Berufswechsel zu veranlassen, indem sie glauben, in einer anderen Tätigkeit diesen Hemmungen und Störungen zu entgehen. Die Schüchternheit, die dieser Psychopathengruppe eigen ist, die Schwierigkeit, sich anderen Menschen gegenüber zu behaupten und durchzusetzen, kommt als weiteres ihre praktische Bewährung erschwerendes Moment hinzu. Sie veranlaßt sie in jüngeren Jahren dazu, die Gesellschaft im Alter zurückstehender Kinder aufzusuchen, in späteren Jahren führt es sie leicht in minderwertige Gesellschaft, wo sie ihre Schüchternheit eher überwinden.

Die unangenehmen Affekterlebnisse lassen diese Psychopathen oft in einen Zustand dauernder Mißstimmung geraten. Nicht selten liegt auch eine konstitutionelle Verstimmung oder eine Neigung zu Stimmungslabilität vor, die zum Teil endogener Natur ist, zum Teil wohl auch reaktiv auf unangenehme Erlebnisse hin eintritt. Diese Mißstimmung kann einen verhängnisvollen Einfluß auf die Lebensführung des Haltlosen ausüben. Bei manchen unserer Haltlosen ist die Neigung zu Verstimmungen ohne weiteres zu erkennen. Über ihrem Wesen liegt eine ausgesprochen unfrohe Note. Bei anderen wieder würde man nach ihrem äußeren Habitus eher eine heitere Stimmungslage vermuten. Besonders in Gesellschaft bewegen sie sich heiter und gesprächig. Bei näherer Beschäftigung mit ihnen betonen sie jedoch, daß dies alles nur äußere Fassade sei, daß sich dahinter eine melancholische Stimmungslage verberge. Die Mißstimmung macht sie in der Arbeit unfroh, sie verleidet ihnen das Alleinsein und ist wohl eine der wichtigsten Quellen ihrer banalen Vergnügungssucht. So kommen sie in einen Zustand, den man im Studentenjargon als „Budenangst" bezeichnet, sie finden nicht mehr die Behaglichkeit des mit sich Allein-zu-Hause-seins, fühlen sich in ihrer eigenen Gesellschaft nicht wohl, fliehen vor sich selbst. Das alles steigert sich noch, wenn sie auf Grund einer Unterlassung oder einer Handlung ein schlechtes Gewissen haben. Sie leben dann unter der dauernden Angst vor den Folgen ihres Tuns oder Unterlassens, fürchten irgend etwas Schlimmes, was über sie hereinbrechen könnte. Hiermit steht in scheinbarem Widerspruch der Leichtsinn, der fast immer als eines der charakteristischen Merkmale der Haltlosen hervortritt, ihre scheinbare Unbekümmertheit um die Folgen ihres Handelns und überhaupt um die Zukunft. Ich möchte jedoch glauben, daß dieser Leichtsinn in vielen Fällen doch nur eine Kontrastreaktion auf die Angst ist. Gerade die Besorgnis, von der Angst überwältigt zu werden, veranlaßt sie dazu, die Augen zuzumachen und sich um die Zukunft überhaupt nicht zu kümmern. Sie sind zufrieden, wenn sie nur die Schwierigkeiten des Augenblicks überwunden haben. Aus der gleichen Besorgnis vor dem unangenehmen Affekterlebnis, das sie zu stark zu ergreifen droht, gehen sie unangenehmen Erlebnissen aus dem Wege, verschieben einen unangenehmen Gang, eine peinliche Auseinandersetzung, lassen Briefe, deren Inhalt sie fürchten, uneröffnet liegen. Dadurch verschlimmern sie die Situation immer mehr, das Gewissen wird immer stärker belastet und schließlich wissen sie sich eben nicht anders zu helfen, als den Gedanken an die Zukunft mehr oder minder ganz auszuschalten.

Die innere Mißstimmung veranlaßt den Haltlosen, wie ich schon sagte, vor sich selbst zu fliehen; wohin er dies tut, ist verschieden und von äußeren Umständen abhängig. Sie suchen banale Vergnügungen auf, treiben sich in Cafés und Restaurants herum, wo sie die Angst vor dem Alleinsein kein Ende finden läßt, oder sie suchen in gesteigerter sexueller Betätigung sich zu vergessen. Andere greifen zu Narkotika und geraten in Alkoholismus, Morphinismus und Cocainismus hinein. Mit allen diesen Betätigungen wollen sie sich einen inneren Ausgleich wenigstens für den Augenblick verschaffen, den sie normalerweise nicht erreichen können. Die Geldausgaben, die mit alledem verbunden sind, treiben sie in immer größere Schwierigkeiten hinein und bringen sie schließlich zu kriminellen Handlungen, und es entwickelt sich auf diese Weise ein Circulus vitiosus, in dem Ursache und Wirkung sich dauernd steigern. Einen Hinweis auf die Bedeutung der Mißstimmungen für die Entstehung der geschilderten Lebensführung gewinnt man auch aus gelegentlichen Beobachtungen bei periodisch auftretenden Depressionen. Solche Kranke können in den Zeiten der Verstimmung, aber auch nur in diesen, einen den Haltlosen analogen Lebenswandel führen.

Wir sehen es auch bei unseren Haltlosen nicht ganz selten, daß eine Befreiung durch offene Aussprache und Ordnung der Schwierigkeiten wenigstens für eine Zeitlang eine Besserung ihres Verhaltens herbeiführen kann.

Die Psychopathen unserer Gruppe leiden oft sehr darunter, daß sie infolge ihrer Empfindsamkeit, ihrer Hemmungen, ihrer Schüchternheit schwer inneren Anschluß an andere Menschen finden können. Sie fühlen sich unter ihren Angehörigen, die anders geartet sind, ausgeschlossen, nicht verstanden und dies oft mit einem gewissen Recht. Und auch dies wieder bewirkt, daß sie sich zu Hause nicht wohl fühlen und andere Gesellschaft aufsuchen. Manche unserer Haltlosen zeigen, wie viele Psychopathen der empfindsamen Gruppe, ein ausgesprochen ästhetisches Empfinden. Dies kann sich in einer sehr banalen Weise äußern, in der Eitelkeit, der Neigung, sich sorgfältig und elegant zu kleiden, wozu allerdings das noch später zu besprechende Geltungsbedürfnis beiträgt. Es kann sich aber auch in einer kultivierten ästhetischen Einstellung kundgeben, in gutem Geschmack, in künstlerischen Fähigkeiten, wodurch sie oft veranlaßt werden, eine Umgebung, die ästhetisch unbefriedigend ist, zu fliehen und auf der anderen Seite den Luxus und kultivierte Lebensführung aufzusuchen. Auch dies bedeutet wieder eine Erschwerung der Einfügung im Berufe und eine Verleitung zu Geldausgaben, zu denen ihre Mittel nicht ausreichen. Mit dem ästhetischen Feingefühl steht oft in auffälligem Kontrast die Unempfindlichkeit gegenüber einer unerfreulichen äußeren Umgebung. Gerade in den späteren Stadien des Heruntersinkens finden wir sie unter Umständen in den übelsten Kaschemmen, in schlechtester Gesellschaft, im Obdachlosenasyl, ohne daß sie anscheinend unter dieser Umgebung leiden. Ich möchte nach manchen Beobachtungen, die ich in dieser Beziehung gemacht habe, glauben, daß es sich auch hier meist um Kontrastreaktionen handelt, etwa um den Standpunkt: wenn ich nicht haben kann, was ich will, ist mir schon alles gleich. Sie schützen sich durch eine Abstumpfung gegenüber dem schlechthin Unerträglichen, das diese Situation sonst für sie hätte, und geraten, wie das so oft der Fall ist, in die Gegensätzlichkeit, d. h. in vollkommene Gefühllosigkeit hinein. Dadurch kann dem oberflächlichen Beobachter eine Abstumpfung und Gefühlskälte vorgetäuscht werden, die doch nur eine äußere Schutzhülle ist. Allerdings kann die Gewohnheit und das lange Verharren in solchen Situationen diese Hülle so dicht machen, daß sie für den Beobachter kaum noch zu durchdringen ist.

In der Selbstbewertung der Haltlosen liegt meist etwas recht Widerspruchsvolles. Auf der einen Seite sind sie voller Insuffizienzgefühle, auf der anderen Seite aber besteht eine recht hohe Selbsteinschätzung. Ihre Insuffizienzgefühle beziehen sich mehr auf die Unzulänglichkeit, sich im Leben durchzusetzen und anderen Menschen gegenüber zu behaupten, als auf den Wert ihrer eigenen Persönlichkeit. Sie halten sich, wie wir es gerade bei den empfindsamen Psychopathen finden, für differenzierter, weniger grob konstruiert als die anderen Menschen und sind geneigt, hierauf ihre Mißerfolge zu beziehen. Vor allem finden wir dies bei der schon erwähnten Gruppe, bei denen das ästhetische Moment stark ausgeprägt ist. Sie fühlen sich ihrer Familie, ihrer Umgebung, die ihnen kommun vorkommt, an innerer Feinheit überlegen. Außerdem schätzen sie gewöhnlich ihre formalen Fähigkeiten, ihre sprachliche Gewandtheit, ihre schriftstellerische Begabung oder auch andere künstlerische Talente besonders hoch ein. Sie halten sich, wenn sie derartige Begabung besitzen, für große Künstler, fühlen sich in der Entwicklung gehemmt und verkannt und zeigen für die Unzulänglichkeit ihrer Leistungen oft eine erstaunliche Kritiklosigkeit. Im Zusammenhange mit dieser Selbsteinschätzung finden wir meist ein stark ausgeprägtes Geltungsbedürfnis. Das Streben, eine Rolle zu spielen, ist wohl zum erheblichen Teil begründet in dem inneren Konflikt zwischen Insuffizienzgefühl und gesteigertem Selbstbewußtsein, in dem Wunsche, die inneren Zweifel an sich selbst zu beschwichtigen. Das Geltungsbedürfnis ist bei vielen Haltlosen eines der wesentlichsten Momente, das ihr äußeres Verhalten und ihren Lebensgang bestimmt. Der Mangel an Ausdauer, die Unfähigkeit zu konsequenter Arbeit, vielfach auch schon die mangelnde intellektuelle Begabung, hindern sie an guter äußerer Leistung. Die Schwierigkeit, sich anderen Menschen gegenüber durchzusetzen, verbunden mit den vielfachen inneren Hemmungen, weisen ihnen eine relativ bescheidene Rolle zu, das Geltungsbedürfnis aber veranlaßt sie, Ansprüche zu stellen, denen sie nicht gewachsen sind. Sie wollen wenigstens zum Schein die Rolle spielen, die sie nicht wirklich ausfüllen können, sie wollen anderen Fähigkeiten und Leistungen vortäuschen, die sie nicht besitzen. Alles das gibt dann ihrem Wesen den Stempel der Verlogenheit und Unaufrichtigkeit. Sie ergreifen Berufe, die nach außen hin wirkungsvoll erscheinen, denen sie aber nicht gewachsen sind, sie wollen Schauspieler, Detektiv, Flieger und ähnliches werden, bringen es aber gewöhnlich darin nur so weit, daß sie sich gesellschaftlich dieser Berufsbezeichnung bedienen und sie auf ihre Visitenkarten drucken können. Der Beruf und die Lebensführung, wie sie ihrer Leistungsfähigkeit entsprechen würden, genügen ihnen nicht, und so kommen sie immer wieder zu Geldausgaben, zu denen ihr Einkommen nicht ausreicht, machen Schulden, Betrügereien und begehen Diebstähle, um das äußere Auftreten, das ihnen notwendig erscheint, bestreiten zu können. Auf das Geltungsbedürfnis ist es auch zurückzuführen, wenn diese jungen Menschen ihre Gesellschaft in sozial tieferen Schichten suchen; in ihren eigenen Kreisen ist es ihnen oft nicht möglich, die Rolle zu spielen, die sie beanspruchen, und sie suchen mindere Elemente auf, denen sie durch die Art ihres äußeren Auftretens imponieren, von denen sie ausgenutzt werden und dafür das Ansehen genießen, das sie beanspruchen. In welcher Weise, in welchem Grade sich das Geltungsbedürfnis ausprägt, hängt auch davon ab, ob es sich um Haltlose von dem lebhaften gewandten mehr aktiven Typus handelt oder um den mehr stillen und passiven. Unter der aktiven Gruppe finden wir den geschickten redegewandten Faiseur, der sich gut in der Gesellschaft bewegt und durch seine formale Begabung über seine Defekte hinwegzutäuschen versteht, dem es infolgedessen auch gelingt, für eine Zeitlang seine Rolle gut durchzuführen. Die Phantasiebegabung, die sich oft gleichzeitig findet, prädestiniert diese Elemente zu Hochstaplern und zu pathologischen Schwindlern. Anders ist es bei den passiveren und ungewandteren Elementen. Ihre Geschicklichkeit reicht in der Regel nicht aus, um eine derartige Rolle zu spielen. Sie müssen sich meist damit begnügen, wenn sie unter minderwertigen Elementen ein gewisses Ansehen genießen können. Der Gegensatz zwischen Anspruch und Leistungsfähigkeit bringt in das Symptombild auch nicht selten eine hysterische Note hinein, und wir sehen, daß sie den Schwierigkeiten, denen sie im Leben begegnen, sich durch Flucht in die Krankheit zu entziehen suchen und unter Umständen schwere hysterische Symptomenbilder zeigen.

Wir müssen uns noch kurz mit der Intelligenz der Haltlosen beschäftigen. Da finden sich naturgemäß alle möglichen Abstufungen. In einem großen Teil der Fälle handelt es sich um intellektuell dürftige, nicht selten auch um leicht debile Menschen. Dies gilt besonders von den Haltlosen aus besser situierten Kreisen. Die mangelnde Intelligenz hindert diese Jugendlichen, ein Lebensziel zu erreichen, das ihrer Herkunft und ihrem Milieu entspricht. Ihr Geltungsbedürfnis und die Lebensansprüche, die sie stellen, lassen sie mit den für sie erreichbaren Möglichkeiten sich nicht begnügen, und so geraten sie besonders leicht in eine ungünstige Laufbahn hinein. Aber auch gute, sogar oft recht gute Begabungen finden wir unter unserer Gruppe. Bei näherem Zusehen erweisen sich jedoch die eigentlichen intellektuellen Leistungen, die sie hervorbringen, als mangelhafter als sie beim ersten Zusehen erscheinen. Sie entspringen mehr einer guten Auffassung, einer formalen Begabung und Redegewandtheit, als einer wirklichen hochwertigen Verstandesleistung. So prägt sich die schon hervorgehobene mangelnde Intensität, die Oberflächlichkeit allen Erlebens in ungünstiger Weise aus. Auch in intellektueller Beziehung sind diese Menschen nicht imstande, ein Gedankenziel mit wirklicher Nachhaltigkeit zu verfolgen, sie sind innerlich bequem und begnügen sich mit einer formalen Erledigung der Aufgabe. Dem entsprechen auch meist die Berufe, denen diese intellektuell günstiger veranlagten Elemente zustreben. Es sind diejenigen, wo formale Gewandtheit ohne nachhaltige Leistung, ohne intensive Beschäftigung mit dem Gegenstande einen Erfolg bringen oder zum mindesten vortäuschen können, so z. B. ein oberflächlicher Journalismus.

Ich möchte dann noch auf die Frage eingehen, wie der Haltlose seinem Verhalten gegenübersteht, inwieweit er Einsicht für dieses besitzt. Im allgemeinen können wir sagen, daß er einsichtig ist und seinen Entgleisungen mit Kritik und Reue gegenübersteht. Gerade das Reuevolle und die anscheinend ehrliche Beteuerung guter Vorsätze werden als besondere Charakteristika des Haltlosen hervorgehoben. Wenn wieder einmal ein Zusammenbruch erfolgt ist, wenn die Unterlassungen, die Schulden, Betrügereien usw. wieder einmal aufgedeckt worden sind, wenn er vor Gericht steht oder im Gefängnis ist, finden wir ihn zerknirscht, sich selbst anklagend und versichernd, daß er sich bessern werde. In dieser Reue liegt aber fast immer, wie man bei näherem Zusehen deutlich erkennt, ein gegensätzlicher Unterton; nicht daß sie nicht aufrichtig und nur vorgetäuscht wäre — was ja naturgemäß auch vorkommt —, aber bei aller Einsicht in das Anfechtbare seiner Handlungsweise steckt doch im Hintergrunde die Vorstellung, daß ihm eigentlich Unrecht geschieht, das Gefühl, daß dauernd von ihm etwas verlangt wird, was er nicht leisten kann, und daß das Leben an ihn Anforderungen stellt, denen er nicht gewachsen ist. Der Haltlose ist häufig nicht in der Lage, diese Meinung zu begründen, oder auch sich nur selbst klar zu machen, aber aus ihr entspringt eine Tendenz zur Auflehnung, und die Trotzreaktion, die wir nicht ganz selten finden. Hieraus entsteht ein Konflikt zwischen dem Gefühl des Unrechterleidens und der Unfähigkeit, dieses anderen zu beweisen, der Notwendigkeit, die Schlechtigkeit seiner Handlungsweise zuzugeben. Dieser Konflikt kann auch die Ursache hysterischer Reaktionen sein. Daneben gibt es aber auch zweifellos Haltlose, denen Einsicht und Reue fehlt, oder die sie zum mindesten nicht nach außen hin zeigen. Die einen suchen ihr Handeln mit mehr oder minder oberflächlichen Gründen zu erklären und zu entschuldigen, sie behaupten, daß ihre Eltern sie falsch erzogen, sie unrichtig behandelt, hinter den Geschwistern zurückgesetzt hätten, daß sie das Opfer widriger Umstände geworden seien, von anderen Menschen verführt und verleitet worden seien. In diesen Behauptungen steckt vielfach ein durchaus richtiger Kern, nur daß sie die in der eigenen Persönlichkeit liegenden Gründe dabei mehr oder minder unbewußt vernachlässigen. Andere wieder, insbesondere die intellektuell gut Veranlagten, haben sich ein theoretisches System zurechtgemacht, mit dem sie ihr Handeln begründen. Sie erklären sich für das Opfer der bestehenden Gesellschaftsordnung und benutzen eine soziologische Phraseologie. Andere wieder, bei denen das ästhetische Moment besonders ausgeprägt ist, entwickeln eine Theorie, die dem amoralischen Ästhetizismus nahesteht, sie stellen den Anspruch, eine kultivierte Lebensweise zu führen, sie berufen sich auf ihren guten Geschmack, ihre künstlerische Veranlagung und verlangen für sich das Recht, die Mittel hierzu herzunehmen, wo sie sie bekommen können, gleichgültig ob auf rechtmäßige oder unrechtmäßige Weise.

Ich habe versucht, die einzelnen psychischen Komponenten aufzuweisen, aus denen das äußere Verhalten des Haltlosen zu resultieren scheint. Es ist im Einzelfalle sehr verschieden, welcher von den Faktoren im Vordergrunde steht. Die Haltlosigkeit ist, wie ich schon anfangs anführte, in der Regel nicht auf ein einzelnes psychisches Moment zurückzuführen, sondern sie entsteht eben aus dem Zusammenwirken verschiedener Faktoren, die sich in der mannigfachsten Kombination durchkreuzen. Gerade das Zusammenwirken der verschiedenen, zum Teil gegensätzlichen Momente erzeugt die Disharmonie der Persönlichkeit, die wir bei allen Haltlosen vorfinden. Gegensätzliche Tendenzen treiben ihn bald nach der einen, bald nach der anderen Seite. Hieraus ergibt sich die mangelnde Geschlossenheit der Persönlichkeit, die Unstetigkeit und Unruhe, die sie auszeichnet. Passivität und unruhiges Betätigungsbedürfnis, Insuffizienzgefühl und hohe Selbsteinschätzung, Schüchternheit und Mitteilungsbedürfnis, Auflehnung gegen fremde Einflüsse, Anlehnungsbedürfnis und Verleitbarkeit, Empfindsamkeit und Gefühlskälte stehen bei ihnen in unversöhnlichem Gegensatz nebeneinander und bereiten dem Ausgleich der Persönlichkeit fast unüberwindliche Schwierigkeiten.

Wir müssen unsere Aufmerksamkeit noch der Frage zuwenden, inwieweit exogene Faktoren von Bedeutung sind. Es ist ohne weiteres klar, daß die Haltlosen infolge ihrer Beeinflußbarkeit und ihrer Bestimmbarkeit von ihrer Umgebung besonders stark abhängig sind. Wir sehen immer wieder, daß sie sich gut verhalten, solange sie sich unter günstigem Einfluß befinden, daß die Schwierigkeiten wieder von neuem auftreten, sobald dieser Einfluß aufhört, oder sie in schlechte Gesellschaft geraten. Schlechte Beispiele und Beinflussungen können sie dauernd in eine Bahn hineinbringen, aus der sie sich nicht wieder herausfinden, so geraten sie in Prostitution, Homosexualität, Alkoholismus, Cocainismus, Morphinismus hinein. Alle diese Dinge liegen so auf der Hand und sind so alltägliche Erfahrungen, daß ich hierauf nicht näher einzugehen brauche.

Aber noch in einem weiteren Sinne spielen die äußeren Momente eine Rolle für die Entwicklung und den Lebensgang der Haltlosen. Die psychopathologischen Besonderheiten unserer Gruppe bedingen, daß sie den äußeren Lebensverhältnissen schlechter angepaßt sind als die Normalen, daß die Variationsbreite des Milieus, in dem sie reibungslos leben können, erheblich enger ist. Ein großer Teil der Haltlosen gerät in die ungünstige Entwicklung, wie wir sie kennengelernt haben, nur hinein, weil die Eigenart ihrer Persönlichkeit mit den äußeren Bedingungen in Konflikt gerät, während unter für sie geeigneteren äußeren Verhältnissen ein günstigerer Verlauf möglich gewesen wäre. Das gilt besonders für diejenigen, bei denen die Züge der Empfindsamkeit und der Stimmungslabilität ausgeprägt sind. Das ungünstige Milieu braucht keineswegs in einer offen zutage liegenden Ungunst der

Verhältnisse zu bestehen, es kann lediglich in subtilen Differenzen, in mangelndem psychischen Kontakt mit den Eltern oder den Erziehern begründet sein. Wenn die Eltern für die psychische Eigenart eines solchen Kindes kein ausreichendes Verständnis haben, oder ihrer ganzen Eigenart nach nicht haben können, wenn sie das Kind, durchaus von besten Absichten geleitet, in ein bestimmtes Erziehungsschema hineinpressen wollen, in das es sich nicht einfügen kann, so bewirkt dies in dem Kinde ein Gefühl der Vereinsamung, oft auch eine Auflehnungstendenz, die sich für die weitere Entwicklung als verhängnisvoll erweist. Vereinsamung und stark ausgeprägtes Anlehnungsbedürfnis veranlaßt sie dann anderwärts Anschluß zu suchen, oft bei Menschen, deren Einfluß für sie ungünstig ist. Ebenso schädlich ist es, wenn Kinder und Jugendliche, deren Unruhe und Betätigungsbedürfnis nicht genügend Rechnung getragen wird, infolge der Behinderung ihrer Ansprüche unfroh und verdrossen werden. Die daraus resultierende Mißstimmung führt, wie ich oben angeführt habe, leicht in die Laufbahn des Haltlosen hinein. Diese schädlichen Einflüsse wachsen vielfach in einem dauernden Circulus viciosus. Die ersten Schwierigkeiten, die die Kinder bereiten, rufen Reaktionen seitens der Eltern und Erzieher hervor, die zu einer Verstärkung des Gegensatzes und zu immer weitergehender Entfremdung führen. Durch die falschen Erziehungsmaßnahmen, die getroffen werden, wird die psychische Situation für den jugendlichen Psychopathen immer ungünstiger. Die gleichen Schädlichkeiten sehen wir dann besonders auch in der Berufswahl hervortreten. Wie bei allen Psychopathen, sind die Berufsmöglichkeiten für den Haltlosen eingeengter als für den Normalen. Die affektive Beanspruchung auch durch rein äußerlich störende Momente, durch unzweckmäßige Behandlung der Vorgesetzten ist für den empfindsamen Psychopathen oft so groß, daß er aus diesem Grunde in dem Berufe zu keiner Ausdauer gelangt. Ferner bedeutet die Langweile im Berufe für die lebhaften unruhigen Psychopathen eine recht erhebliche Gefahr. Ich erwähnte schon oben, daß die Willensleistung der Haltlosen oft sehr viel besser ist, sobald ihr Interesse angeregt wird. Ich habe es wiederholt in dem Lebenslaufe der Haltlosen verfolgen können, daß sie sich bewährten, sobald sie in einer Berufstätigkeit waren, an der sie stärkeren Anteil nahmen, in der sie sich wohl fühlten, daß sie aber versagten, sobald diese Dinge ungünstiger wurden. Für viele Haltlose ist es verhängnisvoll, wenn die ersten Schwierigkeiten, die sie machen, dazu Veranlassung geben, sie in beruflicher und sozialer Beziehung sinken zu lassen und sie einem Berufe zuzuführen, der ihnen intellektuell und sozial nicht entspricht. Die Unbefriedigung an der Tätigkeit, das Mißbehagen, das sie in ihrer Umgebung empfinden, führt dann zum Versagen. So ist auch für viele ein besonders verhängnisvoller Schritt die erste Bestrafung. Das dadurch bedingte Anwachsen der Schwierigkeiten, eine adäquate Beschäftigung und Tätigkeit zu finden, ist für diese Menschen, die dem Überwinden von Schwierigkeiten schon an sich wenig gewachsen sind, verhängnisvoll. Alle diese äußeren Momente bedingen auch in dem psychischen Habitus des Haltlosen erhebliche Veränderungen. Trotzige Opposition, Abstumpfung des Affektiven, Gleichgültigkeit gegenüber Ehrbegriffen verdecken oft das ursprüngliche Wesen so stark, daß es bei dem älteren Haltlosen kaum mehr zu erkennen ist. Auch diejenigen, die von Hause aus sich in ihrem Typus stark unterscheiden, bekommen im Laufe der Entwicklung oft eine Ähnlichkeit in ihrem Verhalten, daß die ursprünglichen Differenzen kaum mehr erkennbar sind.

Wie bei allen Psychopathen ist es auch bei der Gruppe der Haltlosen in ihrer späteren Entwicklung außerordentlich schwer zu unterscheiden, was Wirkung der psychopathischen Anlage, was Milieuwirkung ist, und was als Kunstprodukt aus dem Zusammenwirken beider entstanden sein mag, und doch muß gerade die Lösung dieser Frage die Hauptgrundlage für die praktischen Maßnahmen sein, die wir zu ergreifen haben. Nur wenn wir den Weg erkennen, auf dem die Haltlosigkeit entsteht, können wir den Versuch machen, diese Entwicklung zu verhindern oder, wo sie eingetreten ist, wieder rückgängig zu machen.

Aus Krankengeschichten der Psychiatrischen Klinik und Poliklinik der Charité. In Anamnese und Katamnese ergänzt durch Akten der Beratungsstelle für Heilerziehung[1].

Erna A. Geboren 3. XII. 04.

Aus der klinischen Krankengeschichte (B.St.).

14. I. 22. Aufnahme erfolgt auf Veranlassung der B.f.H.

Vorgeschichte: *Auszug aus den Akten der Jugendgerichtshilfe:* Ist 6mal wegen Diebstahls bestraft worden.

1. Straftat im Juni 1918. Hat einer Dame in der Hochbahn die Handtasche mit Portemonnaie gestohlen und den Inhalt, 4.10 M. vernascht. Urteil: Verweis.

2. Straftat: Juni 1919. Taschendiebstahl. Urteil: Verweis.

3. Straftat: Oktober 1919. Taschendiebstahl auf der Hochbahn. Urteil: 1 Monat Gefängnis, Strafaufschub.

4. Straftat: Juli 1920. Nahm, während sie am Postschalter stand, einer neben ihr stehenden Frau 4000 M. aus der Tasche. Hat das Geld teilweise für sich verbraucht, dafür Näschereien, Wäsche, Toilettenartikel gekauft, zum Teil aber zu Hause abgegeben. Der Vater hat

[1]) Als Abkürzungen dienen: B.f.H. = Beratungsstelle für Heilerziehung; H.E.H. = Heilerziehungsheim; B.St. = Beobachtungsstation für psychopathische Kinder; J.A. = Jugendamt; J.G. = Jugendgericht; F.E. = Fürsorge-Erziehung.

das Geld behalten. Das Kind leugnete zunächst hartnäckig, war aber dann der Fürsorgedame gegenüber geständig. Nach Angabe des Mädchens hat der Vater sie zum Stehlen angehalten, soll gesagt haben: „Wenn du etwas bekommst, so nimm es". Wenn sie nichts nach Hause brachte, soll er sie geschlagen haben. Sie gab damals aber auch an, an den Diebstählen „Spaß" zu haben, „sie könne nicht widerstehen. Wenn sie einen Haufen Menschen sehe, müsse sie dazwischen gehen, um zu sehen, ob es zu machen sei".

5. Straftat: August 1920. Im Warenhaus einer Dame das Portemonnaie aus der Tasche gestohlen. — Für die beiden letzten Straftaten 3 Monate Gefängnis mit Strafaufschub.

6. Straftat: September 1920. Taschendiebstahl im Warenhaus. 1 Monat Gefängnis. Strafaufschub.

Von Oktober 1920 bis April 1921 auf Veranlassung der Helferin der J.G.-Hilfe in einem Jugendheim beschäftigt, immer unter Aufsicht und bewußter erzieherischer Einwirkung. Dort stahl sie im März 1921 ein Portemonnaie aus einer Manteltasche und vernaschte den Inhalt.

Daraufhin wurde von der B.f.H. Strafvollstreckung beantragt. April bis August 1921 im Frauengefängnis X. in Einzelhaft.

Danach kam sie als Lehrmädchen in ein Kinderheim in Ostpreußen, wo sie dauernd unter pädagogischer Leitung stand. Auch dort hat sie Wäschediebstähle und anscheinend auch kleine Unterschlagungen begangen. Nach Entdeckung einer Tat soll sie einen Selbstmordversuch mit Morphium gemacht haben[1]).

[1]) Über diese Zeit berichtet ein Brief der Heimleiterin (aus den Akten der B.f.H.) folgendes: „Es ist sehr schwer mit E.: zeitweise ein fröhliches lustiges Ding, hilfsbereit, zu jeder Arbeit zu haben, dann wieder tageweise ganz unlustig, sich vor der Arbeit drückend, oft eigensinnig bis zur Essensverweigerung. In der Arbeit flüchtig und nachlässig, öfters unwahr und ‚häßlich frech' in ihren Antworten. Äußerlich war ich entsetzt über sie, weil sie kolossal dick geworden und nicht gewachsen ist. Dadurch sind ihre Gesichtszüge noch gröber geworden. An ihrem Körper ist sie uneigen und furchtbar schwer zur Ordnung und Sauberkeit anzuhalten. Von Zeit zu Zeit näßt sie stark ein. Weihnachten 1921 kam sie in ganz unordentlichem Zustand, mit zerrissenen Strümpfen und zerrissener Bluse zu mir, obgleich ihr noch gesagt war, sich ordentlich anzuziehen. Den 1. Tag versuchte sie zu helfen, wo sie konnte; den 2. Tag hatte sie keine Lust mehr dazu und wollte nur immer am Klavier sitzen oder sich mit mir unterhalten. Dann begann sie auf einmal zu bocken und kaum noch einen Ton zu sprechen. Als ich sie zu einer Besorgung ausschickte, blieb sie lange aus, brachte zu wenig Geld zurück. Als ich mit ihr darüber sprach, war sie höchst empört, ging hinaus, sang ganz laut und begann unseren Mädchen vorzutanzen. Darauf sprach ich noch einmal ärgerlich und ernst zu ihr, was meiner Ansicht nach keinen Eindruck auf sie machte, da sie draußen sang und weiter tanzte. Zu unserem Mädchen hat sie gesagt: ‚Früher hab ich mir noch was draus gemacht, wenn mir was gesagt wurde, jetzt ist mir alles ganz egal.'"

Bereits während der Schulzeit hat sie Taschendiebstähle begangen. Im Alter von 8 Jahren hat sie im Kinderhort einem Fräulein ein Zehnmarkstück entwendet, das sie während der Durchsuchung der Kinder im Munde versteckt hält. Das Geld hat sie dann vernascht. Ferner nahm sie einem Kinde die Ohrringe, stahl den Mitschülerinnen Geld, nahm einer bekannten Frau einen Hundertmarkschein weg, den sie anscheinend dem Vater gab. Noch während der Schulzeit ging sie zusammen mit zwei Freundinnen gleichen Alters wiederholt in die Warenhäuser und stahl dort allerlei Kleinigkeiten: Federkästen, Bleistifte u. dgl. Dann beging sie eine Reihe von Taschendiebstählen auf der Untergrundbahn, wurde nur einmal dabei gestellt und auf die Polizei gebracht.

War kurze Zeit in einer Fürsorge-Erziehungsanstalt, wurde aber auf Antrag des Vaters den Eltern zurückgegeben, F.E.-Beschluß aufgehoben.

War vorübergehend als Hausmädchen auf dem Lande an zwei verschiedenen Stellen untergebracht, wo sie auch gestohlen hat (Schmuckgegenstände).

Soll schon als Kind sehr eitel und putzsüchtig gewesen sein, hat sich für das gestohlene Geld außer Näschereien vor allem Schmuckstücke und Toilettengegenstände gekauft. Las viel Schundliteratur, begleitete den Vater, der Musiker ist, auf die Tanzböden, tanzt sehr gern.

Nach der Schilderung aus dem Jugendheim sehr zärtlich und anschmiegend, will immer beachtet sein, ist sehr launisch, leicht verletzt, oft unverträglich, eifersüchtig, aber freundlich und hilfsbereit.

Häusliche Verhältnisse äußerlich geordnet. Vater ist Invalide, bezieht Rente, verdient nebenher als Musiker auf Tanzböden. Mutter tagsüber außer Hause auf Arbeitsstellen.

18. I. 22. Eigene Angaben: Zum ersten Male habe sie mit 8 Jahren gestohlen, im Hort ein Zehnmarkstück aus einer Manteltasche genommen und sich dafür Näschereien gekauft. Schildert die Tat wie oben angegeben. Dann wiederholt den Schulkameradinnen und anderen Kindern Kleinigkeiten weggenommen, einmal einem Kinde die Ohrringe herausgenommen. Sei dann von zwei Mitschülerinnen in die Warenhäuser mitgenommen worden und habe dort Gegenstände wie Bleistifte, Federkästen, Säckchen mit Glasperlen u. dgl. entwendet. Die beiden Mädchen hätten solche Diebstähle schon früher begangen und ihr davon erzählt. Der Vater habe die Gegenstände bei ihr gefunden und sie zunächst gewarnt, „weil man dadurch Unannehmlichkeiten haben könne“, dann nichts mehr dazu gesagt. Dann habe sie bei einer Bekannten einen Hundertmarkschein gestohlen. Sie sei mit dem Vater dort gewesen, habe einen Gegenstand aus einem Schranke holen sollen und dabei den in dem Schranke liegenden Schein bemerkt. Sie habe den Vater darauf aufmerksam gemacht, der habe sie aufgefordert, den Schein zu nehmen.

Um sich Geld für Näschereien zu verschaffen, habe sie dann in der Hochbahn Taschendiebstähle begangen, auch bei Menschenaufläufen auf der Straße. Sie habe das Geld nur zum Teil für sich verwandt, das übrige dem Vater gegeben, der es annahm. Die Mutter habe auch davon gewußt und stets gewarnt, „sei aber doch froh gewesen, wenn sie ihr Geld gebracht habe". Sie sei dann alle Tage auf Taschendiebstähle ausgegangen, wie oft, könne sie gar nicht zählen. Wenn sie nichts nach Hause brachte, sei der Vater ärgerlich gewesen, habe sie zwar nie geschlagen, auch wohl nicht direkt zum Diebstahl aufgefordert, habe sie und die Mutter aber unfreundlich behandelt. Diese Diebstähle habe sie fortgesetzt, bis sie ins Jugendheim kam. Den Diebstahl am Postschalter schildert sie, wie oben beschrieben.

Bei Begehung der Tat habe sie immer große Angst gehabt, habe es nur getan, um sich Geld für Näschereien, Blusen u. dgl. zu verschaffen und den Vater zu befriedigen.

Im Jugendheim, wo sie mehrere Monate eine Fortbildungsklasse besuchte, habe sie lange Zeit nichts gestohlen. Sei damals niemals mit dem Vater zusammengekommen. Schließlich habe sie doch wieder Geld aus einer Manteltasche genommen und sich dafür Leckereien gekauft.

Von ihrem Gefängnisaufenthalt erzählt sie, daß es doch sehr langweilig gewesen sei, weil sie fast den ganzen Tag über allein sein mußte. Am schönsten seien die Bibelstunden gewesen.

Von der Leiterin der B.f.H., die sie aus dem Gefängnis abholte, spricht sie mit großer Wärme.

In dem Kinderheim in Ostpreußen habe es ihr gut gefallen. Es sei nicht richtig, daß sie dort Wäsche gestohlen habe. Sie habe nur ein Hemd genommen und angezogen, wollte es aber wieder zurückgeben. Auch sonst habe sie dort nichts entwendet, insbesondere Fräulein Sch. nichts gestohlen.

In den Weihnachtstagen habe sie Fräulein Sch. besucht. Die habe bemerkt, daß sie ein Loch im Strumpfe hatte und habe deshalb sehr erregt zu ihr gesagt: „Wenn du so unachtsam bist, ist es aus zwischen uns beiden". Darüber sei sie sehr traurig geworden, weil sie glaubte, Frl. Sch. wollte mit ihr nichts mehr zu tun haben. Sie sei nach Hause gegangen, habe viel geweint und immer daran gedacht, sich das Leben zu nehmen. Es sei ihr eingefallen, daß eine Pflegerin des Heimes bei Tisch noch erzählt habe, sie habe Morphiumpulver in ihrem Korbe. Sie sei in deren Zimmer gegangen, nachdem sie vorher einen Brief an Frl. Sch. geschrieben hatte, das war 2 oder 3 Tage nach der Auseinandersetzung mit Frl. Sch., und habe 3 Pulver genommen in der „festen Absicht", sich das Leben zu nehmen. Habe dabei nur an Frl. Sch. gedacht, die sie sehr lieb hatte. Dann sei sie noch Milch holen gegangen. Unterwegs sei ihr unwohl geworden. Es sei ihr eingefallen, daß 3 Pulver vielleicht nicht genügen würden, sie sei darauf nochmals ($^1/_4$ Stunde später) in das Zimmer der Pflegerin gegangen und habe die 6 übrigen Pulver genommen. Bei Tisch sei sie dann bewußtlos geworden und habe 3 Tage im Bett gelegen.

Geschlechtlichen Verkehr will sie niemals gehabt haben. Sie sei zwar oft auf den Tanzböden, wohin sie ihren Vater begleiten mußte, und auf der Straße von Männern angesprochen worden und habe genau gewußt, um was es sich handle, sei aber niemals mitgegangen.

Der Vater soll nach ihren Angaben wiederholt sexuelle Attacken auf sie unternommen haben. Wenn er im Bett gelegen, habe er sie aufgefordert, zu ihm ins Bett zu kommen oder „ihm dran zu spielen". Sie habe sich aber stets dagegen gesträubt, habe nie dergleichen getan, habe sich sehr geschämt. Sie habe es auch der Mutter erzählt. Der Vater habe sie sehr gebeten, aber sie nicht bedroht, habe öfter gesagt, „er könne doch nicht dafür, das sei bei ihm krankhaft".

Bei ihren Angaben ist sie sehr befangen, verschämt, oft füllen sich ihre Augen mit Tränen, ohne daß sie wirklich in Weinen ausbricht. Dabei steht aber offenbar die Bereitschaft, alles zu sagen, ihre Angaben machen den Eindruck der Sachlichkeit. Die Äußerungen über ihren Vater kosten sie starke Überwindung.

Sie äußert auf Befragen den Wunsch, Kinderpflegerin zu werden.

24. I. 22. Gibt auf Befragen an, sie sei sehr gern hier, es gefalle ihr sehr gut, es sei hier „so lebhaft und abwechlungsreich", das Zusammenleben mit „Tante H." sei so schön, an den Kindern habe sie große Freude, spiele und singe gern, lese gern vor. Die Mädels habe sie lieber, die Jungen seien zu ungezogen, nur den (weichen und empfindsamen) Fritz habe sie gern.

Manchmal sei sie hier auch schon schlechter Stimmung gewesen, „es sind so manche Tage, warum, weiß ich gar nicht, ich habe keinen Grund dazu. Ich kann doch nicht dafür. Alle anderen denken, ich bin bockig". Das merke sie schon morgens beim Aufstehen, „ich bin dann nicht gut gelaunt, ich weiß nicht, woran das liegt". „Ich bin dann zu den Menschen, denen ich begegne, nicht so freundlich als sonst. Ich verrichte die Arbeit nicht gern, möchte am liebsten dann gar nichts tun". Wenn sie dann jemand anspreche, „ärgere" sie sich, antworte ungern, das tue ihr an dem Tage dann gar nicht leid, aber am anderen Tage. Dann möge sie nicht so gern springen und tanzen als sonst, auch nicht mit den Kindern spielen, „singen schon gar nicht", „alles ist mir dann zu viel", sie „möchte lieber allein sein". Ins Bett legen mag sie sich aber nicht, „aber wenn ich's dürfte, würde ich es tun". Keine Kopfschmerzen dabei. Dann denke sie, daß Tante H. sie nicht leiden könne, daß sie nichts recht mache, „dann sehe ich bei jedem ein böses Gesicht und frage, ob er mit mir böse ist". „Dann denke ich, ich habe nicht recht getan, was ich gemacht habe, habe ein schlechtes Gewissen". Denke dann besonders oft an ihre Vergangenheit zurück. Daran denke sie eigentlich immer, auch an guten Tagen, aber dann sei es nicht so schwer. An den schlechten Tagen denke sie, „das Leben sei ganz verloren, weil sie so schlecht gewesen sei, daß die Liebe, die alle ihr entgegengebracht haben, ganz umsonst gewesen sei". Wenn sie dann an ihre Zukunft denke, glaube sie nicht, „daß sie jemals besser werden könne", „ach, wenn ich doch was werden und höher kommen könnte". Dann weine sie auch manchmal, „aber ich tue es nicht gern zeigen". „Dann habe ich auch keinen Appetit" (spontane Äußerung). „Ich habe dann keine Freude mehr am Leben" (spontan). Diese schlechte Stimmung daure manchmal bis zum Abend, manchmal gehe sie schon am Nachmittag vorüber, „wenn ich eine besondere Freude erlebe." — Von den Menses scheinen, ihren Angaben nach, die Verstimmungen unabhängig zu sein.

Solche schlechten Tage „habe ich wohl schon immer gehabt". „Dann sagten alle, ich sei bockig." Die Taschendiebstähle habe sie trotzdem begangen, „aber dann habe ich erst recht keine Lust dazu gehabt". Dann wäre sie, wenn sie nach Hause kam, sehr unfreundlich gegen Vater und Mutter. — Sie habe aber auch sonst zu den Diebstählen keine Lust gehabt. „Ich tat sie nur, um den Vater bei guter Laune zu erhalten."

Diese „schlechten Tage" kommen ganz unregelmäßig, sie habe aber mehr „gute Tage". Manchmal nur einmal, meistens mehrmals in der Woche solche Verstimmungen. Auch hier schon wiederholt.

An den guten Tagen wache sie schon fröhlich auf, „das merke ich gleich, dann möchte ich tanzen und singen, tue auch die Arbeit gern". „Dann sei es aber auch sehr unbehaglich, wenn sie ans Gefängnis denke, das ist immer so (auf Befragen). Dann denke sie aber gern daran, daß sie was werden möchte", „aber ob ich was werden kann, das weiß ich nicht, ich habe ja schon so oft einen festen Willen gehabt".

Macht ihre Angaben offen und freundlich, leicht eingeschüchtert und geniert durch die Situation, aber ohne jede Ziererei, anscheinend in dem Bestreben, sich mitzuteilen.

Körperlich. Körperlänge 140 cm. Sekundäre Geschlechtscharaktere normal entwickelt. Leichte Verbiegungen der Ober- und Unterschenkelknochen und skoliotische Verkrümmungen der Wirbelsäule.

Abstumpfung der Schmerzempfindlichkeit am ganzen Körper. Auf tiefe Nadelstiche kaum eine Reaktion, nur Stiche in die Nasenscheidewand rufen Abwehrbewegungen hervor.

8. II. 22. Klinische Demonstration. Gehört zu den haltlosen Psychopathen. Endogene Verstimmungen manisch-depressiver Art unwahrscheinlich. Es ist möglich, daß mit fortschreitender Entwicklung auch die Hemmungen stärker werden.

16. III. 22. Von endogenen Verstimmungen depressiver Art ist hier nichts Sicheres beobachtet worden. Für ihre sehr häufig vorkommenden Verstimmungszustände ließ sich fast stets ein äußerer, erlebnismäßiger Grund wahrscheinlich machen. Bei ihrer starken Empfindsamkeit reagiert sie auf alle Erlebnisse sehr lebhaft, so auf Vorhaltungen und Ermahnungen, den ihr unangenehmen Besuch der Eltern, den Tod einer Freundin usw., sie ist leicht verletzlich, fühlt sich nicht genügend beachtet, neigt sehr zu Selbstüberschätzung. Durch ein anerkennendes Wort, durch freundliches Eingehen auf sie ist sie leicht von ihren Verstimmungen abzubringen. Diese klingen aber auch ohne solche Einflüsse von außen stets im Laufe des Tages ab. Im ganzen ist ihre Stimmungslage eher heiter. In ihrer Fröhlichkeit wird sie leicht oberflächlich.

Dabei ist sie im ganzen recht schlaff, ohne Energie, auch ohne rechten Antrieb zur Arbeit, besonders bei körperlichen Beschäftigungen, teils wohl infolge körperlicher Unfrische und rascher Ermüdbarkeit, vor allem aber, weil sie solche Beschäftigung für niedrig und ihrer unwürdig achtet.

Diese Empfindsamkeit, die sie auf jedes Erlebnis rasch und lebhaft, aber nicht eben nachhaltig reagieren läßt, und dazu die Schlaffheit und mangelnde Energie, die sie ihre Vorsätze nicht wirksam durchführen läßt, stehen im Vordergrunde.

Wurde im März 1922 in ein größeres H.E.H. in X. entlassen.

Aus den Akten der B.f.H.:

März 1922. Brief E.s an B.f.H. aus H.E.H. in X.:

Mich treibt es, auch einmal an Sie zu schreiben. Ich bin nun schon 1 Woche hier und fühle mich doch recht unglücklich. O, lassen Sie mich wieder nach Bln. kommen (B.St.). Ich habe so große Sehnsucht nach Tante H., daß ich Tag und Nacht weinen muß. Nur Tante H. versteht mich wie kein anderer.

April 1922. Bericht des H.E.H. in X.: E. tut sich furchtbar schwer im Leben, aber sie ist viel leichter zu fassen und ist in vielem wie ein Kind. Sie wird von allen Eindrücken und von ihren Stimmungen hin und her geworfen und braucht Hilfe, Nachsicht und innere Anregung, immer Beschäftigung. Sie hat als Erzieherin z. B. im Knabensaal direkt ungünstig auf die Schwierigeren gewirkt. Ich habe ihr nun im Mädchenschlafsaal die kleineren und einfacheren Kinder übergeben, und da bemüht sie sich sehr nett. Sie ist übrigens auch merkwürdig ungeschickt. Außer dem Schlafsaal habe ich sie als Hilfe in Kindergartenbeschäftigung und in der Schule unseren Kindergärtnerinnen unterstellt. Sie ist selig darüber. Nebenher macht sie Hausarbeit, die sie mit so offen gezeigtem Unwillen leistet — und recht schlecht — daß man lachen muß und dabei an die Kinder erinnert wird.

Mai 1922. Aus einem Brief E.s an B.f.H.:

„. . . Jetzt bin ich schon bald 2 Monate hier, aber ich bin immer noch so fremd und unglücklich wie im Anfang. Ich bin so unglücklich hier, daß ich nur immer den einen Gedanken habe, wie kann ich sterben. Wissen Sie, daß ich krank gewesen bin? Und wissen, wie das kam? Ich hatte einen Knopf heruntergeschluckt. So lächerlich es klingt, aber es ist so. Hätte ich noch 24 Stunden länger geschwiegen, so wäre ich heute nicht mehr in der Welt. O wie schön wäre das gewesen. Und was ich noch keinem gesagt habe, das will ich Ihnen schreiben. Ich sagte hier zu allen, ich hätte ihn aus Versehen heruntergeschluckt. Aber es war nicht so, nein, es war Absicht. Ich wollte sterben. Ich weiß, Sie werden böse mit mir sein, aber ich kann nicht dafür. Ich bin hier so unglücklich, daß der Gedanke an Selbstmord immer wieder kommt. Trotz der Schmerzen, die ich aushalten mußte, kommt der Gedanke immer wieder.“

Mai 1922. Bericht aus dem H.E.H.:

E. hat auf eine uns nicht erklärliche Weise einen riesigen Mantelknopf verschluckt, und es wurde dann tagelang an ihr herumgedoktert, ohne daß man finden konnte, was ihr fehlte. Sie selbst gab alles falsch an. — Schließlich wurde in der Klinik der Knopf zutage gefördert, die Kleine schwebte schon bedenklich in Lebensgefahr und der Puls hatte zeitweise schon ganz ausgesetzt. — Die ganze Affäre und das Krankenlager haben nicht gut auf sie gewirkt. Übrigens war sie vor einiger Zeit mit Speisen in der Teeküche nicht ganz korrekt, indem sie einer Angestellten daraus etwas geholt und zugesteckt hat. Sie versicherte aber, sich dabei nichts Schlimmes gedacht zu haben. Auf meine Vorhaltungen hin brach sie im Haus sozusagen zusammen und schluchzte so laut und unaufhörlich, daß alles zusammenlief. — Auf energisches Zureden hörte E. übrigens sogleich auf und begab sich ruhig ins Bett und schlief gleich ein. Welch haltloses Kind!

Juni 1922. Bericht einer Mitarbeiterin der B.f.H., die besuchsweise E. in X. sah: „Frau Dr. sagte mir, daß sie E. als Hilfskraft gar nicht rechnen könne. Sie mache die allergrößten Nachlässigkeiten bei den Kindern, keine Erzieherin oder Lehrerin wolle sie zu ihrer Hilfe haben. Das Mädel habe keinerlei Initiative, stehe und sitze herum, müsse zu allem angetrieben werden, mache die Sachen auch dann noch schlecht und immer deutlich unwillig, beschäftige sich gar nicht mit den Kindern.

Herr Dr. meint, sie sei richtig infantil und man müsse sie als Patientin, aber nicht als Hilfskraft behandeln. Dabei ist sie nicht immer depressiv und still, sondern andererseits wieder über die Stränge schlagend und bei allen Dummheiten dabei.“

August 1922. Bericht des H.E.H.:

„E. macht sich sehr gut, sie ist gleichmäßig vergnügt, liebenswürdig und in einfacher Hausarbeit ausdauernd und gewissenhaft.

Neulich gab es doch wieder eine Szene. Es fehlte Geld, und jeder lenkte den Verdacht auf sie. Ich nahm sie vor und sagte ihr, daß ich nicht an ihre Schuld glaube, daß sie aber doch bedenken solle, wie sehr vorsichtig sie in ihrem Handeln und Reden sein sollte. Darauf ging sie — es war schon spät abends — in den 2. Stock im Flur, machte das Fenster auf, stieg hinauf und verschwand vor den Augen ihrer entsetzten Kameradinnen. Als zwei Damen durch das Rufen herbeikamen und hinaussahen, hing sie mit den Händen noch am Fensterbrett, und so zogen sie sie wieder herein. Sie war offensichtlich froh, gerettet zu sein. Tags darauf schrieb sie uns ausführlich auf, wie sie von klein auf immer wieder zum Stehlen gekommen sei, und wie es so eine Gewohnheit für sie geworden wäre. „Ich war tief unglücklich und hatte immer ein schlechtes Gewissen, wenn ich unter Menschen kam“, . . . „indem ich das Geld nahm und es meinem Vater gab, hielt ich einigermaßen die gute Stimmung in der Familie aufrecht.“ Sie beichtete auch, daß sie Frau O. das Geld genommen habe, das Geld neulich habe sie nicht. Seit dieser schriftlichen Beichte fühlte sie sich natürlich viel wohler, und wir bringen ihr recht deutlich in allem das größte Vertrauen entgegen.“

Ende September 1922. E. rückt nach Berlin aus. Es war erwogen worden, E. nunmehr nach Berlin zu nehmen und ihr zu beruflicher Tätigkeit bzw. Weiterausbildung zu verhelfen. Während aber aus zum Teil äußeren Gründen der Termin ihrer Übersiedlung hinausgeschoben wurde, hielt sie nun nicht mehr in X. durch, sondern kam von selbst nach Berlin. Sie wird im Mädchenschutzhaus untergebracht und bestreitet ihren Lebensunterhalt durch Arbeit in einer Mützenfabrik, wodurch sie das befriedigende Bewußtsein äußerer Selbständigkeit erhält. Im Mädchenschutzhaus hat sie auf die sehr kalten Betten und sehr kalten Schlafzimmer mit allnächtlichem Einnässen reagiert. Sie war glücklich über den eigenen Verdienst, gab das Geld sehr rasch aus. Sie erhielt von sich aus die engen Beziehungen zur B.St. und zur B.f.H. Eigentumsdelikte sind nicht vorgekommen.

Februar 1923. E. kommt auf eigenen Wunsch in das H.E.H. nach X. zurück.

März 1923. Bericht des H.E.H.:

E. ist, seit sie wieder bei uns ist, eigenartig triebhaft und schwer beeinflußbar gewesen. Nicht in dem Sinne, als ob sie sich gegen Zureden abschließe, im Gegenteil äußert sie sich ganz gut, schließt sich auch in letzter Zeit mehr an. Sie stiehlt aber in einer kaum beschreiblichen Weise. Ganze Garnituren von Kinderwäsche häuft sie gelegentlich in ihrem Bett auf, die sie wahrscheinlich verkaufen wollte. Ein anderes Mal hat sie Geld aus dem Koffer ihrer Kameradin genommen. Wenn sie gelegentlich vertretungsweise Pflegen übernimmt, fehlen fast regelmäßig Wäschestücke, die sie entweder selbst trägt oder versteckt. Neulich nahm sie einer armen Angestellten Geld aus dem Schrank. Sie mußte zu diesem Zweck sich extra in das Zimmer begeben. Sie hatte es am Abend noch im Strumpf und gab es erst her, als ich die Leibesvisitation durch die Schwester bei ihr androhte. Sie gesteht ihre Verfehlungen meist ohne Schwierigkeiten ein, schriftlich oft besser als mündlich. Obwohl die Sache mit dem Geld ganz sachgemäß und ruhig behandelt wurde und sie sich auch zugänglich erwies, verschwand sie doch für 26 Stunden von der Bildfläche, schrieb einen Abschiedsbrief. Schließlich wurde sie in einem Winkel des Speichers entdeckt, wo sie einen ganzen Tag und Nacht gelegen haben muß.

Bei diesen Entwendungen spielt das Zigarettenrauchen eine große Rolle, dem sie mit Vehemenz ergeben ist. Hysterische Züge werden immer auffälliger. Gelegentlich ist der Anschein nicht zu unterdrücken, daß die der Entdeckung folgenden Szenen die Hauptsache bilden.

September 1923. Aus einem Brief E.s:

„Gelesen habe ich schon sehr viel hier, z. B. Erzählungen von J. Gotthelf, Chekspier, Dramen, Schuld und Sühne, Sonn- und Alltag, Jes und Chry von Kellermann, Zwei Menschen, Das Meer, Christuslegenden von Selma Lagerlöff, von der Lagerlöff habe ich noch so Verschiedenes gelesen, aber ich weiß es augenblicklich nicht auswendig.“

Februar 1924. Bericht des H.E.H.:

„Ich habe nicht viel zu klagen, es war eine relativ ruhige Zeit mit E.; schwerere Sachen sind eigentlich nicht vorgekommen. Die spezifisch hysterischen Reaktionen schälen sich mit der Zeit immer deutlicher heraus. Durchschnittlich leistet sie leichte Arbeit. — Voraussichtlich bedarf sie noch längere Zeit ständiger Beaufsichtigung; andernfalls würde sie sehr schnell kriminell werden.

Juni 1924. E. hatte sich wieder einige Nadeln ins Bein gesteckt. Nur zwei haben wir operativ entfernen können.“

Hierzu äußert sich E.: „In der vorigen Woche habe ich wieder eine ganze große Dummheit begangen. Eine ganz ganz große sogar. Drei Nadeln hatte ich mir wieder ins Bein gesteckt. Der arme Herr Doktor, immerzu mache ich ihm solche Arbeit. Ich bin es ja gar nicht wert.“

Juni 1924. Unterbringung E.s in einem H.E.H. der B.f.H. bei Berlin, um sie erneut einer Berufstätigkeit zuzuführen und den Übergang von der Unselbständigkeit zur Selbständigkeit zu mildern.

Aus einem Bericht der leitenden Ärztin des H.E.H.: „ . . . nach vielen Ermahnungen verließ sie plötzlich das Bett, lief ins Klosett und riegelte zu. Nach etwa einer Dreiviertelstunde ist sie dann, ehe man sie erreichen kann, zum Haus hinaus in der Nacht verschwunden, bekleidet mit Nachthemd und Mantel. — Als es hell wurde, begann das Suchen von neuem. Als wir alle erdenklichen Schlupfwinkel durchforscht hatten, erschien sie plötzlich in einiger Entfernung von uns und machte sofort kehrt. Nach etwa $^1/_4$ Stunde erschien E. an einer Tür mit den Worten: ‚Tante Doktor, ich wills auch nicht wieder tun.‘ Sie wurde ins Bett gesteckt, schlief aber nicht mehr.“

Aus dem Bericht der leitenden Ärztin des H.E.H.: E. macht keine besonderen Schwierigkeiten. Ist arbeitswillig, hilft im Hause und bei den Kindern. Lernt unter meiner Anleitung Stenographie und macht Filetarbeit. Ab und zu unlustig, bedarf dann eines Anstoßes von außen. Unredlichkeiten sind nicht vorgekommen. Zeigt keinerlei hysterische Reaktionsweise, nicht besonders wehleidig. Neigt immer noch zu starken Stimmungsschwankungen. Hat Tage, wo sie verstimmt ist, mißlaunig, außerordentlich reizbar, sich mit den Kindern zankt und schlägt, mit den Erwachsenen bockt. Manchmal versucht sie, den Verdacht zu erwecken, als ob sie etwas genommen habe. Zu solchen Zeiten ist sie sehr müde, wenn man sie läßt, schläft sie den ganzen Tag. Näßt dann ein. Näßt auch, wenn sie erkältet ist. Nach Ablauf solcher Verstimmung, die oft ganz plötzlich absetzt, ist sie besonders liebenswürdig und willig.

Wenn es ihr Spaß macht, will sie als erwachsen gelten, verlangt durchaus, bei den Vergnügungen der Erwachsenen dabei zu sein, daß die Kinder ihr gehorchen und daß man sie nicht in Gegenwart der Kinder ermahnt. Die Pflichten eines Erwachsenen möchte sie aber nicht gern tragen, möchte, daß man Rücksicht nimmt, wenn sie keine Lust zum Arbeiten hat, findet Spielen oft wichtiger, zankt sich mit den Kindern wie mit ihresgleichen, schlägt sich mit ihnen und will durchaus nicht verstehen, daß man von ihr Verständnis und Rücksichtnahme verlangt. Bockt und mault wie ein Kind. Freut sich ganz kindlich über Kleinigkeiten, hängt sich bei Erwachsenen ein und läuft mit wie ein kleines Mädchen. Möchte nicht zu lange Kleider tragen, trägt am liebsten noch eine Haarschleife. Die Kinder haben auch gar keinen Respekt vor ihr, betrachten sie als eins von ihnen. Dabei hat sie Verlangen nach ernster geregelter Tätigkeit und wirtschaftlicher Selbständigkeit.“

II. Aufnahme in B.St.:

9. VII. 24. Pat. kommt auf Veranlassung der B.f.H. — Seit dem 15. VI. d. J. in dem Heim der B.f.H. in W. Soll dort erhebliche Schwierigkeiten gemacht, wiederholt demonstrative „Selbstmordversuche“ gemacht haben, indem sie sich Nadeln in die Haut stach. Lief nachts unbekleidet in den Garten, gebärdete sich, als ob sie „geistesabwesend“ sei, so daß sie immer unter Aufsicht sein mußte. Bei dieser Gelegenheit einer fieberhaften Erkrankung hat sie wiederholt die Thermometeranzeige gefälscht.

Gibt zu, in W. beim Temperaturmessen „gemogelt“ zu haben, „aber nur einmal und nicht mit Absicht. Nur aus Spielerei, eigentlich wollte ich gar nicht mogeln. Daß es mehr werden könnte, daran habe ich gar nicht gedacht“.

Pat. verhält sich der Exploration gegenüber zunächst sehr ablehnend, äußert in kindlich-schmollender Weise, man behandle sie diesmal hier so streng. Sie schäme sich, das alles zu erzählen, besonders bei der

Frage nach Geschlechtsverkehr — wovon Ref. von anderer Seite berichtet worden ist — verstummt sie, gibt dann an, daß sie in X. einmal mit einem jugendlichen Pat. verkehrt habe.

21. VII. 24. Klinische Vorstellung. Psychopathische Konstitution vom Typ der Haltlosen. Allen Wünschen, Trieben und affektiven Anregungen werden nicht die nötigen Hemmungen entgegengesetzt, selbst in einem Milieu, das so günstig wie möglich für sie gestaltet ist. Der letzte Moment weist darauf hin, daß die Störung tiefer sitzt: auf affektivem und Willensgebiet. — Intellektuell ist sie ganz gut, hat auch Interessen, ist sehr schnell in der aktuellen Situation.

Auftretende Verstimmungszustände ließen zunächst an etwas Manisch-depressives denken, aber es handelt sich wohl immer um Reaktionen auf Situationswechsel. Auch die Suicidversuche sind nicht als ernsthafte Affektäußerungen aufzufassen, haben stets etwas Demonstratives. — Somatisch findet sich die bei genannten Typen degenerierter Psychopathen häufige Torpidität gegen Schmerz, die früher noch ausgeprägter war.

Ein eigentlicher ethischer Defekt liegt nicht vor. Sie hat Einsicht in die mangelnde Moral ihrer Diebstähle usw., sie zeigt auch gelegentlich Treue. Dies ist prognostisch nicht ungünstig: die Einsicht entwickelt sich vielleicht weiter, das Intellektuelle ist ja gut entwickelt.

August 1924. Wiederaufnahme im H.E.H. Bericht von dort (aus den Akten der B.f.H.):

September 1924. E. ist in allerbester Laune. Das hat scheinbar ein Besuch bei den Eltern bewirkt, den sie am Donnerstag noch unternommen hatte. Sie ist dadurch wieder sehr verändert, ist immer fröhlich, sehr vernünftig, zuvorkommend, liebevoll und kann nicht genug zu helfen bekommen. Sie ist augenblicklich richtig eine Stütze. Wie lange wird es vorhalten?

Aus den Akten der B.f.H.:

November 1924. E. kommt in ein Mädchenheim in Berlin zur Erlernung des Haushalts. Begeht gleich anfangs einen Selbstmordversuch. Im *Februar 1925* lautet ein Aktenvermerk: Sie ist viel ausgeglichener als früher. Sie näßt sehr viel ein. Genommen hat sie noch nichts.

März 1925. E. fährt eigenmächtig ins H.E.H. nach X. Sie hatte sich in der Haushaltungsschule Bücher aus dem Zimmer der Lehrerin geholt ohne zu fragen, war gescholten worden, hatte im ersten Affekt die Bücher verbrannt. Aus einem Brief an die B.f.H. aus X.:

„Meine liebe liebe Tante R.! Als großer großer Sündenbock komme ich zu Ihnen. Viel Schuld habe ich auf mich geladen, ich sehe es ein und möchte es so sehr gern wieder gut machen. Können Sie es mir verzeihen? Und darf ich, wenn ich wieder nach Berlin komme, wieder ins Heim? O bitte, bitte, sagt ja, ich möchte es ja wieder gut machen. Schreiben Sie mir doch bald, ob ja, damit ich ein wenig Ruhe finde. Trotzdem ich fortgelaufen bin, so läßt mir das Nachhausekommen keine Ruhe. In mir ist es ja so wüst, so weh. Ich kann jetzt nicht verstehen, wie ich so habe handeln können. — Herr Doktor sagt, ich mache mich selber dadurch so sehr unglücklich, und das stimmt, ich bin sehr sehr unglücklich, nicht nur über mich selber, vielmehr über die anderen, die ich lieb habe und die ich so enttäusche. Ist das nicht Strafe genug? Ich bin gestern in der Kirche gewesen, um mir Trost für mein Innerstes zu holen. Verzeiht mir bitte, bitte und schreibt mir bitte, bitte schnell.“

März-April 1925 bleibt sie in X. zunächst unauffällig, dann in gedrückter, unlustiger Stimmung, kommt im Mai zurück in das Mädchenheim, von da, auf ihren schon lange ausgesprochenen Wunsch hin, in eine besonders sorgfältig ausgesuchte Bureaulehrstelle, weil sie sich in dem Erlernen von Schreibmaschine und Stenographie anstellig und geschickt gezeigt hatte.

Juni 1925. Aus einem Brief E.s an B.f.H.:

Ich habe gemerkt und nun auch eingesehen, daß meine Fähigkeiten nicht reichen, einmal im Leben auf diesem Gebiete etwas Großes, Tüchtiges leisten zu können. Meine ganzen Hoffnungen habe ich begraben. Es war eben ein jahrzehntelanger Traum. Ich habe mich in mich selbst furchtbar getäuscht. Keinen Wunsch, keine Hoffnung und keinen Traum habe ich mehr. Es ist alles vorbei. Ich aber will Euch vorgreifen. Ich weiß, daß bald eine Zeit kommen wird, in der Ihr nichts mehr von mir wissen wollt, in der Ihr sagen werdet, es habe ja doch keinen Zweck. Ich bin Euch nur eine Last, ich mache Euch Unkosten über Unkosten und wofür? Für nichts. Soweit will ich es nicht kommen lassen, dazu habe ich Euch zu lieb. Und eben weil ich Sie so lieb habe, wollte ich zeigen, was ich kann, um Ihnen Freude zu machen. Alles ist zerronnen in nichts. Ganz weit will ich fortgehen, um irgendwo unterzugehen und um nie mehr wiederzukommen. Es gibt keinen besseren Weg mehr für mich.

Nur eine einzige Möglichkeit gäbe es, Ihnen zu dienen. Die niedrigsten Arbeiten will ich tun, wenn Sie mich als Mädchen gebrauchen könnten. Ich verlange ja gar nichts mehr vom Leben, nur ganz still in einem Winkel will ich einem Menschen dienen und nur für ihn da sein. Dies kann ich aber auch nur bei einem Menschen, den ich sehr lieb habe, wie Sie es sind.

Dieses alles ist nicht nur ein Gedanke oder eine vorübergehende Laune, nein, es ist sozusagen über Nacht gekommen. Es ist in mir reifer geworden, es ist etwas in mir zerschellt. Ich habe keine Hoffnungen und keine Wünsche mehr. Überlegen Sie es sich doch einmal, ob Sie in Ihrem Haushalt eine Hilfe brauchen. Sonst gibt es nur noch den einen anderen Weg für mich. Und dieser ist sehr dornenvoll, aber auch sehr traurig.“

27. VI. 1925. Brief E.s an B.f.H.:

„Meine geliebte Tante L.! Bitte, bitte, laß mich sterben. Nur dann bin ich glücklich. Verzeih diese Feigheit und vergiß nicht, daß ich Dich aus tiefster Seele liebe.“

Erkundigungen in ihrer Lehrstelle ergeben: Man sei mit ihren Leistungen recht zufrieden, nur ihre Stimmungen seien so wechselnd.

Juli 1925. Brief E.s an ihre Vorgesetzte im Bureau:

„Schon lange hatte ich die Absicht, Ihnen zu schreiben, wie es in mir aussieht. Und in mir sieht es wüst, sehr wüst aus, so daß ich selbst nicht mit mir fertig werde. Es ließe sich ja mündlich viel besser aussprechen und oft hatte ich die Absicht, es zu tun, aber dann, wenn ich so vor Ihnen stand, verlor ich den Mut. Aber ich hoffe, daß ich auch so Verständnis bei Ihnen finde. Fast 2 Monate bin ich nun bei Ihnen und ich habe Sie sehr lieb gewonnen. Darum tut es mir sehr weh, daran denken zu müssen, von Ihnen und von der mir im Grunde liebgewordenen Arbeit fortgehen zu müssen. Sie werden staunen? Liebes Frl. M., es muß sein, ich habe eingesehen, daß es nicht so weitergehen kann. Denn in diesen 2 Monaten habe ich mindestens 6 oder noch mehr Male fehlen müssen. Wie soll das werden, wenn das so weiter geht?

Es ist ja noch nie mit mir gegangen, ein paar Monate, manchmal auch nur ein paar Wochen, und dann ging es nicht mehr, einfach aus dem Grunde, weil ich die Lust verlor. Wenn ich in einem anderen Betriebe wäre, hätte man mich schon lange rausgeworfen bei meinem ewigen Fehlen, sie sind ja auch nicht alle so gut wie Sie. Ich möchte ja so gern ein nützliches Glied der Menschheit, vor allem ein tüchtiger Mensch sein, aber ich weiß nicht, wie ich es anfangen soll. Ich kann ja doch nicht das leisten, was ich leisten müßte und wozu mich und andere quälen. Was aus mir wird, weiß ich noch nicht, aber wenn mir niemand hilft, so gehe ich dem Abgrund entgegen, dann muß ich diesen anderen Weg gehen. Menschen, die diesen Weg gehen, bezeichnet man mit ‚Dirnen'. Diese werden von der Allgemeinheit gemieden. Dreimal schon, ich will, Sie sehen, ganz offen zu Ihnen sein, trat diese Versuchung an mich heran, voll Abscheu wandte ich mich von diesen Menschen, die mir so etwas zutrauten. Aber ob ich dann noch widerstehen kann, wenn mir niemand mehr hilft?"

Um E. über diesen Zustand hinwegzuhelfen, wird von der B.f.H. aus für sie eine Wohngelegenheit ausgesucht, wo sie wie ein eigenes Kind behandelt und gepflegt wird. Außerdem erhält sie zu ihrer körperlichen Kräftigung durch die B.f.H. im Bureau täglich $^1/_4$ l Sahne und darf am Mittagstisch der Angestellten teilnehmen. (Eine ärztliche Untersuchung hatte bei E. große Blutarmut ergeben; eine gute Pflege wurde empfohlen.)

25. VII. 1925. Brief aus E.s Arbeitsstelle an B.f.H.:

„... Ich habe den Eindruck, daß dank der verschiedenen Besprechungen und Maßnahmen im Augenblick alle bösen Geister in E. gebannt sind. — Sie ist in ihrer Arbeit recht brauchbar. Wenn dies so bleibt, hoffe ich doch, daß wir sie das Jahr behalten können."

28. VII. 1925. Frau B. (E.s Pflegemutter) in der B.f.H.: Sie erzählt, daß E. sich gestern von ihrer Bureauvorsteherin hat Vorschuß geben lassen, sich eine Bluse gekauft habe, sich Parfüms kaufe und so furchtbar viel rauche.

1. VIII. 1925. Aktenvermerk:

E. hat sich auf der Arbeitsstelle 2mal Vorschuß geben lassen, erzählte mir, daß sie sich dafür 1 Paar Haferlschuhe und ein Kleid gekauft habe. Das Geld, das ich ihr zum Fahren gegeben habe, hat sie teils für Zigaretten verwendet.

Als E. Dienstag mittag zu mir kam, habe ich ihr im wesentlichen Vorwürfe über ihre Unaufrichtigkeit uns gegenüber gemacht und ihr gesagt, daß, wenn sie nicht mit hülfe, an sich zu arbeiten, unsere Arbeit an ihr von gar keinem Wert sei. — E. hat dann auf Grund dieser Aussprache mit mir in ihrem Bureau einen Selbstmordversuch gemacht (Pulsader aufschneiden). E. muß danach sehr geschwächt gewesen sein.

24. VIII. 1925. Aktenvermerk (Leiterin der B.f.H.):

Ich nahm die Schwierigkeiten bei E. aus der letzten Zeit nicht so schwerwiegend und dachte, daß, wenn man sie über das starke Rauchen bringen würde, man sie auch sonst wieder in Ordnung bekäme und habe mich in der folgenden Zeit sehr eingehend um sie gekümmert. Ich war mindestens alle 2 Tage bei ihr, bin mit ihr ihre Sachen (Kleidung) durchgegangen, habe mit ihr ihr Zimmer aufgeräumt, habe sie über Sonntag zu mir nach Hause genommen, habe sie morgens abgeholt und in die Arbeit gebracht, als sie eines Tages wegen Kopfschmerzen fehlen wollte. — Sie hat aber gar keinen Willen gehabt, sich wieder aufzurappeln, war freundlich und liebenswürdig, wenn man mit ihr zusammen war, freute sich über die neuen Kleider, die wir ihr kauften. *Man* hielt sie, solange man da war, aber *sie selbst hielt sich gar nicht.* Sowie man fortging, rutschte sie hinunter. Trotzdem wir ihr immer nur das Fahrgeld für eine Fahrt gaben, ging es nur, wenn wir ihr Kontrolle der Fahrscheine in Aussicht stellten, sonst verrauchte sie das Geld sofort und lief die Wege zu Fuß.

Ich kam an einem Morgen früh, um sie ins Bureau abzuholen. Da lag sie auf dem Sofa in der Küche, einen Aschenbecher neben sich mit 5 Zigarettenstummeln darin und einer Zigarette im Mund. Sie hatte die 7,50 Mark für die Straßenbahnfahrkarte verraucht. Ich brachte sie in ihr Bureau und sprach dort mit der Leiterin. Wir sagten beide E., daß wir es nur noch einmal versuchen würden und daß wir, ohne daß sie selber mithülfe, nicht weiter für sie sorgen würden. E. fragte mich ganz entsetzt, was denn dann würde, und ich sagte ihr, dann müsse sie eben auf den Arbeitsnachweis gehen, sich Arbeit suchen und von dieser Arbeit ihre Wohnung selbst bezahlen, worauf sie mir sagte, damit zwänge ich sie, auf die Straße zu gehen. — E. kam am nächsten Tage wieder, sagte, sie gebe sich Mühe. Am nächsten Tage ging sie aber nicht zur Arbeit. Die Bureauleiterin rief deswegen hier an, und ich ging nachmittags, E. zu holen, fand sie auf dem Sofa liegend, ließ sie aufstehen, und während sie sich zurecht machte, ging ich zu Frau B. hinein, die mir erzählte, daß E. so gebeten habe und sie ihr deswegen für 10 Mark Lackschuhe gekauft habe. Ich ging sofort hinaus, um E. zur Rede zu stellen und sah, wie sie gerade noch den letzten Mund voll Rauch einer Zigarette von sich paffte. Ich nahm sie, ohne irgend etwas zu sagen, beim Arm mit nach Hause, wo sie die Nacht bei mir schlief und von wo ich sie am nächsten Tag zur Arbeit brachte. Sie sagte, sie empfände es als wohltuend, daß man sie auf diese Weise zwinge, nicht zu rauchen, erzählte selbst, daß sie am vergangenen Sonntag 10 Zigaretten geraucht, dann eine Freundin zur Bahn gebracht habe; es sei etwa 11 Uhr gewesen, als sie heimkam. Da habe sie noch 5 Zigaretten geraucht, die sie noch hatte und sei dann nachts 1 Uhr unten in die Budike gegangen, um sich neue zu holen. — Sie war anfänglich sehr gedrückt, redete nachts viel vor sich hin, wurde aber allmählich ruhiger und war am anderen Morgen ganz ordentlich. Auch im Bureau war man tagsüber sehr mit ihr zufrieden. Am Abend nahm ich sie nicht mit mir nach Hause, sondern ließ sie allein in ihre Wohnung gehen.

Sie gibt jetzt an, daß sie an diesem Abend zwischen 11 und 1 Uhr sehr unglücklich auf der Straße gewesen sei; sie habe sich das Leben nehmen wollen, habe auf der Brücke gestanden, da sei ein Herr gekommen, der habe ihr freundlich zugeredet, sie sei dann mit ihm gegangen und es sei etwas passiert. — Am nächsten Sonntag bei mir zu Hause war sie sehr vergnügt, gleichmäßig und ich wäre nie auf die Idee gekommen, daß sie tags vorher irgendwie unglücklich gewesen wäre. — An den folgenden Tagen war sie sehr gedrückt, sah sehr schlecht aus, fror, war dazu auffallend lebhaft, schmiegte sich an mich, was sie sonst nie tut, lachte viel, so daß ich sie schließlich ernsthaft fragte, was gewesen sei. Darauf erzählte sie mir das Erlebnis vom Sonnabend. Und schrieb es mir dann noch einmal in einem Brief. — Die Ärztin stellte am nächsten Tage fest, es habe Verkehr stattgefunden.

Brief E.s: *12. VIII. 1925* „Es frißt förmlich in mir, denn ich bin ja nun eine Ehrlose, eine Gefallene. Und doch habe ich hier etwas zu meiner Entschuldigung zu sagen: Ich war verzweifelt, so wie nur ein Mensch verzweifelt sein kann. Sonst wäre es wohl nie soweit gekommen. In der Nacht so um 1 Uhr geschah es. Um 10 Uhr abends ging ich fort, um draußen die quälenden Gedanken loszuwerden; denn ich glaubte ja keinen einzigen Menschen mehr zu haben, der es noch gut mit mir meint. Ich stand am Wasser. Da kam ‚Er' daher, jung und auffallend gekleidet; ich achtete seiner zuerst nicht, wie er eine Weile neben mir stand und mich beobachtete, ja er beobachtete mich, man sah es wahrscheinlich meinem Gesicht an, wie verzweifelt ich war. Da sprach er zu mir schöne betörende Worte; ich ahnte nicht, daß da etwas anderes dahinter steckte, ich ahnte es nicht, weil ich so verzweifelt und nun froh war, daß es doch noch einen guten Menschen gibt. Doch ich sollte mich geirrt haben. Das Entsetzlichste geschah dann, so daß ich jetzt kaum wüßte wie, erst als ich wieder einigermaßen denken konnte, da kam mir das Entsetzliche meiner Lage zum Bewußtsein. — Was weiter wird, weiß ich nicht, ich hoffe und wünsche, daß das Fürchterlichste ausbleibt, bis jetzt kann ich es noch nicht wissen."

Seitdem ist E. ganz haltlos, hat bei Frau B. Geld und Armbänder und noch ein anderes Schmuckstück genommen; alles fand sich in ihrer Mappe. Gleichzeitig fehlte sie wieder 2 Tage unentschuldigt in der Arbeit. Auf diese letzten Vorkommnisse hin wurde E. sofort wieder ins Mädchenheim zurückgebracht, darf dort kein Geld bekommen und nicht ausgehen, wird mit Hausarbeit beschäftigt und soll 14 Tage ganz für sich in Ruhe leben.

10. IX. 1925. Unterbringung E.s in einer Schneiderwerkstätte. Der uns bekannte Sohn des Arbeitgebers, der selbst mitarbeitet, berichtet in der Sprechstunde der B.f.H., daß E. jetzt 2 Tage bei ihnen tätig sei, ganz geschickt, aber unlustig und ohne Ausdauer; sie empfindet es, daß sie nicht so gut arbeitet wie die anderen und läßt sich wenig sagen.

13. IX. 1925. Brief E.s an B.f.H.:

Liebe Tante L.! Ich danke Dir noch nachträglich für die 14 Tage, in denen Du mir ja so deutlich gezeigt hast, wie wenig ich Dir bin. Ich verstehe nur nicht, warum sagt Ihr mir's nicht, Du und Tante R., wenn Ihr nichts mehr von mir wollt? Zu dumm von mir, daß ich überhaupt jemals geglaubt habe, ihr hättet etwas für mich übrig und noch dazu so fest geglaubt, 6 Jahre lang ..."

Vom *15. IX.* bis *1. XII. 1925* ist sie als Haushaltshilfe im Mädchenheim angestellt; Kündigung erfolgt wegen Arbeitsunlust.

1. XII. 1925. E. wird auf ihre Bitte im H.E.H. der B.f.H. als Dienstmädchen angestellt unter der Bedingung, daß sie bei der ersten Essens- oder Arbeitsverweigerung oder einem Selbstmordversuch fortgeschickt werde, um dann in aller Deutlichkeit und Härte zu spüren, was es heiße, allein auf sich angewiesen zu sein und vor der Wahl zu stehen, für sich selbst sorgen zu müssen oder sich einzufügen. — E. sitzt mit hängenden Schultern in schlapper mutloser Haltung, erklärt aber, auf diese Bedingungen eingehen zu wollen.

November 1925 wegen Suicidversuches aus H.E.H. entlassen; in ein Obdachlosenheim verwiesen. Dieser Aufenthalt, in dem sie zum erstenmal erlebte, was es heißt, obdachlos zu sein, macht einen starken Eindruck.

Vom *Dezember 1925 bis Mai 1926* im H.E.H. E. hat keine größeren Schwierigkeiten gemacht.

Mai 1926. E. bittet erneut und dringend, ihr zu einer fachgemäßen kaufmännischen Ausbildung zu verhelfen. Sie wird versuchsweise in einer Handelsschule aufgenommen, erhält Nachhilfestunden in den ihr fehlenden Fächern. Nach 3 Wochen kommt sie zu spät — schwänzt die Schule, so daß sie durch die B.f.H. abgemeldet wird.

1. VII. 1926. Unterbringung in einem geschlossenen Heim in Baden, dessen Leiterin über Vorleben und Schwierigkeiten unterrichtet wird. Hier ist einesteils die Möglichkeit gegeben, sich durch Fabrikarbeit den eigenen Lebensunterhalt zu verdienen, außerdem wird sie in Hauswirtschaft ausgebildet.

Dezember 1926. Bericht der Heimleiterin: E.s Verhalten und Leistungen sind zufriedenstellend, wenn auch starken Schwankungen unterworfen. (Die B.f.H. bleibt mit E. in ständiger Verbindung.)

Georg C. Geboren 7. V. 07.

12. VII. 1922 Poliklinische Untersuchung. Referentin *Mutter*. Der Vater soll ein aufgeregter Mensch sein, die Mutter ist eine ruhige Frau; eine Schwester ist gesund; der Vater der Mutter soll Trinker gewesen sein.

G. hat mit $1^1/_2$ Jahren sprechen gelernt, mit 1 Jahr laufen. Die Sprachentwicklung war langsam. Er hat bis zu 12 Jahren eingenäßt.

G. war als Kind sehr jähzornig, bekam bei den geringsten Anlässen Wutkrämpfe.

Er war immer ängstlich, lief vor Hunden weg, ging Händeln aus dem Wege. Er war viel für sich, sehr empfindsam, erkältete sich leicht, war penibel im Essen.

Auf der Schule hat er gut gelernt, ist bis zur Oberklasse gekommen.

Von klein auf sehr musikalisch. Er hat mit 5 Jahren angefangen, Geige zu spielen, hat auch Unterricht bekommen und sehr gute Fortschritte gemacht, so daß er eine Freistelle auf einer Musikhochschule bekam.

Für jeden Lehrer ist er erst Feuer und Flamme gewesen, hat den ganzen Tag geübt, so viel, daß es ihm dann langweilig wurde und er schließlich ganz erlahmte. Er hat oft enge Freundschaft mit einem Mitschüler gehabt, anfangs mit dem Freund eifrig Geige gespielt, den ganzen Tag hindurch, doch das Ende war jedesmal die Vernachlässigung der Musik durch andere Arbeiten (Tischlerei), Bummeln und Herumtreiben.

Er hält sich für etwas Besonderes, glaubt, daß er ein besonders begabter Mensch sei. Er gab immer viel Geld aus, nahm Geld, was er zu Hause fand, ging auch zu Bekannten, die er nachher anpumpte, so daß die Eltern es bezahlen mußten. Was er mit dem Geld macht, ist nicht herauszubekommen.

G. lügt von jeher sehr phantasievoll. Seit Oktober 1921 ist er auf der Hochschule für Musik, spielt Geige, Klavier, Fagott. Die Lehrer sind sehr zufrieden mit ihm, besonders Herr J., sein Geigenlehrer. Er hat auch schon im Orchester mitgespielt. Aber auch auf der Musikhochschule ist er erlahmt, ist auch gehänselt worden.

In der letzten Zeit hat er die Musikhochschule versäumt, so daß er März 1922 die Schule verlassen mußte. Jetzt ist er zu Hause, übt viel.

Eigene Angaben: Er sei ein sehr empfindlicher Mensch, man habe ihn auf der Hochschule gehänselt, deshalb sei er einfach weggeblieben. Er habe von zu Hause kein Taschengeld gehabt, und das Essen in der Volksküche, wo er essen sollte, war ihm zu schlecht zubereitet, auch manchmal unsauber, da sei er mit 2 Freunden Mittag essen gegangen, danach in ein Café, das Geld habe er vernascht, manchmal auch verraucht.

Nach diesen Taten immer Reuegefühl, hatte Angst, daß es herauskam, ging aber immer wieder mit, er konnte den Verführungen der Freunde nicht widerstehen. Hat die Aussicht, nach Leipzig auf die Musikschule zu kommen, blieb aber lieber bei seinen Eltern in Berlin, hängt sehr an seiner Mutter.

Es handelt sich um einen intellektuell gut entwickelten, haltlosen, leicht beeinflußbaren Jungen, der das einmal Begonnene schwer durchführen kann, sich leicht ablenken läßt und sehr empfindsam ist.

Verabredung mit Eltern und B.f.H.: Georg soll 1 Jahr der Hochschule fernbleiben, bis Gras über das Ganze gewachsen ist und er sich dort wieder sehen lassen kann. — Für dieses Jahr soll eine Zwischenbeschäftigung gefunden werden, bei der er aber abends weiter üben und nebenher Geigenstunden nehmen kann.

Aus den Akten der B.f.H.:

Juli 1922. Es wird ihm eine sorgsam gewählte Bureaustelle vermittelt.

24. VII. 1922. Brief des Vaters an die B.f.H.:

„... Leider muß ich zu meinem Bedauern feststellen, daß der Georg, seitdem er in der neuen Tätigkeit ist, die Musik vollständig vernachlässigt. Seine Geige hängt seitdem in der Ecke, und er hat sie noch gar nicht wieder angesehen. Ich weiß nicht, wie ich ihn dazu bewegen kann, das Geigenspiel wieder aufzunehmen. Es könnte nur möglich sein, wenn ältere Personen sich mit ihm zwecks Pflege der Musik beschäftigen würden."

November 1922. Hausbesuch: „... G. ist vor etwa 8 Tagen aus der Arbeit entlassen worden, weil er schwänzte und keinerlei Interesse für seine Arbeit zeigte. Nun sitzt er zu Hause, will nichts anderes als sein Musikstudium fortsetzen, und die Eltern wissen nicht wohin mit ihm. — Georg sitzt [bei dem Besuch der Fürsorgerin] mit der Guitarre in der Sofaecke, selbstgeschriebene Noten vor sich. Er gibt an, daß ihm die Kontorarbeit (Kartothekführung) sehr langweilig gewesen sei, er überhaupt ausschließlich für Musik Interesse habe. Geschwänzt habe er (angeblich mehrmals 1 Stunde vor Arbeitsschluß fortgelaufen), weil er vom Chef gekränkt worden sei, d. h. einen Tadel erhielt. Man muß jedes einzelne Wort aus ihm herausziehen, seine spärlichen Angaben macht er mit sichtlichem Widerwillen. So sei er immer, sagt die Mutter. Früher sei er viel fröhlicher und freier gewesen. — Georg soll in seiner Bureaustelle mit seiner Hochschulausbildung geprahlt haben. Seinen Lohn brachte er in letzter Zeit nicht mehr nach Hause, sondern legte ihn gleich in Näschereien an. Er sei überhaupt sehr auf Süßes versessen; den Zucker usw. muß die Mutter zu Hause vor ihm sichern. Von einem Kollegen borgte er sich auch Geld und umgekehrt. Er ist verträglich und gutmütig, verleiht Noten usw., die er nachher nicht zurückbekommt, ist sehr leicht beeinflußbar. Ganz besonders klagt die Mutter über die Indolenz, Trägheit, Unordentlichkeit des Jungen. Er hat guten Willen, muß aber zu allem angetrieben werden. Dabei ist Georg an sich selbst sehr peinlich, ist ein Fleckchen auf dem Kragen, wirft er ihn gleich in die Wäsche. Er ist eitel, schmückt sich gern. G. ist immer noch sehr empfindsam; auf körperlichem Gebiet nur vereinzelt, z. B. stört ihn die schlechte Luft im Kontor sehr, dagegen ist er unempfindlich gegen Wolle. Er ist leicht gekränkt, reagiert darauf nicht mit Weinen, sondern zieht sich in sich zurück, wird verschlossen und verstockt. — Kurz nach seiner Entlassung von der Musikhochschule war Frau C. dort wegen evtl. späterer Wiederaufnahme. Man habe sich da recht ablehnend verhalten: der Junge sei wohl recht begabt, begabter als mancher andere, die aber eben mit viel mehr Ausdauer bei der Sache seien. G. fehle der nötige innere Trieb. Durch diese Unterredung ist es fast unmöglich, nochmals um Wiederaufnahme zu bitten; andererseits sperrt sich G. gegen alles andere als Musik. — G. spielt bei diesem Besuch etwas vor, es wird gleichzeitig ein Zusammenspiel zwischen der Fürsorgerin und ihm verabredet. Je nach dem Eindruck der Begabung wird der Versuch gemacht werden, sich mit der Musikhochschule wegen Wiederaufnahme in Verbindung zu setzen.

Nach dem gemeinsamen Musizieren schreibt die gleiche Fürsorgerin: „Sein Spiel gefällt mir bedeutend besser als beim ersten Besuch. Jedenfalls ist G. durchaus musikalisch, hat auch Stilempfinden, spielt rein, ist im Takt sicher, spielt rhythmisch straff und mit mehr Temperament, als ich diesem Jungen zugetraut hätte."

... Als er noch einmal allein (der Vater geht hinaus) vorgenommen wird, und ihm Vorstellungen über seine Schlappheit gemacht werden, gibt er gar keine Antwort, starrt nur vor sich hin. Ob es wohl überhaupt noch Sinn hätte, sich mit seinem Lehrer in der Hochschule in Verbindung zu setzen wegen evtl. Wiederaufnahme? „Ich will nur bei der Musik bleiben." Die Vertreterin der B.f.H. möchte eigentlich gern, daß er erst einmal richtig arbeiten lernt, sie denkt an eine auswärtige Erziehungsanstalt K. Der Vater steht allerdings auf dem Standpunkt, daß man einen Beruf nach Neigung wählen sollte, wäre aber mit der Erziehungsanstalt sehr einverstanden, wenn der Musiklehrer es auch für richtig hält.

7. XII. 1922. Aus Sprechstundenvermerk der B.f.H. Verabredung: Damit G. an ein regelmäßiges Leben und ständige Arbeit gewöhnt wird, Unterbringung in ausgesuchtem Erziehungsheim. Vorher Erkundigung nach Begabung und Leistungen G.s in der Musikhochschule.

11. XII. 1922. Ermittlungsbericht. Erkundigung in der Hochschule für Musik ergab: G. habe eine recht große Schnauze gehabt und sei ziemlich selbstdurchdrungen aufgetreten. G.s Begabung wurde als etwas über dem Durchschnitt taxiert. Dementsprechend ließen sich zuerst auch seine Fortschritte an. Deren Nachlassen wird „mit schweren psychischen Störungen, die der Junge durch den (angeblichen) Tod seiner Mutter und Schwester erlitten habe", erklärt (!!). Auf diese schwere Erschütterung sei auch häufige Unregelmäßigkeit im Besuch des Unterrichts zurückzuführen.

Rücksprache mit G.s Lehrer: Herr J. rät dringend ab, G. die Musik als Lebensberuf erlernen zu lassen. — Es ist fraglich, ob er es je so weit bringen könnte, um sich durchzusetzen. Er habe eine mittlere, für die Ausbildung zureichende Begabung. Aber er habe gar keinen Fleiß entwickelt, knapp das gelernt, was er aufhatte, und in ganz unglaublicher Weise geschwindelt. Herr J. ist überzeugt, daß G. in der Großstadt völlig verbummeln würde, und das einzig Richtige wäre, ihn in eine Erziehungsanstalt zu geben, wo er in strenge, allerdings wegen seiner großen Empfindsamkeit mit Güte zu paarende Zucht käme.

Unterbringung in der Erziehungsanstalt muß wegen Platzmangels herausgeschoben werden.

Ende Januar 1923. Brief des Vaters an die B.f.H.: Jede Woche, die er sich zu Hause aufhält, ist nutzlos verstrichen. Ich glaubte, die Zeit dadurch auszunutzen, daß er durch Arbeit Geld verdient, um für seine Zeit in der Erziehungsanstalt noch Wäsche anzuschaffen. Er denkt gar nicht daran zu arbeiten. Meine Frau schickte ihn mit einem Schreiben diesbezüglich zu Ihnen, damit Sie ihm schnell zu einer Stelle verhelfen. Er ging nicht zu Ihnen und erzählte uns, Sie seien nicht da. Täglich schickten wir ihn zum Arbeitsnachweis. Er bekam Fahrgeld, war den ganzen Tag unterwegs und auf dem Arbeitsnachweis war er nicht. Erzählte dann eines Tages, um einen Erfolg zu zeigen, daß er an der D. Bank als Bürobote anfangen könne, mit 4000 Mark Wochenlohn, ging Montag früh von Hause fort, um sich den ganzen Tag herumzutreiben. Meine Frau ging zum Arbeitsnachweis und zur Bank, alles war Schwindel. Da ich erwartete, daß er bald fortkommt, gestattete ich ihm, abends zur Arbeiterjugend zu gehen. Leider mußten wir erfahren, daß er auch hier seine Freiheit und den freundlichen Verkehr seiner Genossen mißbraucht hat. Er ist dort ganz unmöglich geworden. Er hat in kurzer Zeit dort Schulden gemacht und das Geld restlos verbraucht.

März 1923. Der Vater in der B.f.H.:

G. war in einer Arbeitsstelle, die er sich Anfang März selbst gesucht hatte. Aber er hat die Stelle schon wieder verloren. Mit seinen Leistungen war man zufrieden, nach der Lohnauszahlung blieb er aber der Arbeit fern, fuhr 3 Tage lang mit der Stadtbahn herum, ging pünktlich morgens — scheinbar zur Arbeit — fort, kam auch abends rechtzeitig heim. Inzwischen kam vom Geschäft ein Brief: da G. 2 Tage nicht zur Arbeit erschienen sei, sei er hiermit fristlos entlassen.

April 1923 bis Januar 1924. Unterbringung in der Erziehungsanstalt K. Bericht von dort:

G. war in seinem ganzen Wesen frühreif, hielt sich mehr zurück und schloß sich der Erzieherin an.

Februar 1924. Die Eltern haben G. nach einigen Monaten aus eigener Initiative nach Hause zurückgeholt. Er trat dann im Einverständnis mit seinen Eltern in eine Musiklehre bei einer kleinen sächsischen Kapelle in T. ein.

G. ist noch in T. und fühlt sich — unter der Zucht des Militärmusikers — wohl. Zu Weihnachten war er im Urlaub hier, hat sich körperlich sehr wohl entwickelt und seinen Eltern große Freude gemacht.

Februar 1925 kommt G., auf Wunsch des Vaters, nach einer Rippenfellentzündung, nach Hause zurück. Der ermittelnde Helfer schreibt: „G. hat sehr viel gelernt in dem Jahr in T. Es ist ihm hier gelungen, sofort als 1. Geiger für ein Café engagiert zu werden.

Aus Berichten des Fürsorgers vom Juli bis Oktober 1925:

Während G. anfänglich mit einem kleinen Orchester spielte, hat er sich inzwischen mit einem anderen Musiker zusammengetan, „weil die Orchesterleute nichts konnten". Die beiden spielen abends in Cafés. Beschäftigung finden sie reichlich, müssen allerdings von Zeit zu Zeit das Lokal wechseln, da von seiten des Publikums Programmwechsel gewünscht wird. Die Art der Lokale verschlechtert sich bei dem Wechsel. Der Verdienst ist reichlich; doch verbraucht G. andererseits noch mehr Wäsche als früher und verlangt sehr gute Ernährung. Des Tages schläft er meist.

Die Mutter erzählt, er habe keine Freunde und überhaupt keinen Verkehr. Im ganzen lebe er nach wie vor sehr in sich gekehrt. Es wäre nur gut, daß er etwas Sport treibe, was bei seiner ungesunden Lebensweise sehr nötig wäre. G. geht gern schwimmen.

November 1926. Ermittlungsbericht: „Frau C. und ihr Mann haben keinerlei Hoffnung mehr, daß bei G. noch zu helfen wäre und fürchten, daß es noch zu viel schlimmeren Sachen kommen könne. Nie hätten sie gedacht, daß G. sich so entwickeln würde. Die Schwierigkeiten hätten auch erst nach der Schulentlassung, mit dem freien und versuchungsreichen Leben auf der Hochschule eingesetzt.

G. arbeitet noch mit seinem Kollegen zusammen, obwohl sie sich gelegentlich entsetzlich zanken. Der Kollege sorgt immer wieder für neue Anstellungen und schleppt G. so mit. Momentan spielen sie in einem Café in der Friedrichstraße so übelster Sorte, daß G. seiner Mutter sagte, sie könne mir nicht die Adresse sagen, denn das sei ein Lokal, in das ich nicht kommen könne, um sein Spiel anzuhören. G. kommt morgens, manchmal zwischen 3 und 4 Uhr, zuweilen auch 2 Nächte und Tage überhaupt nicht nach Hause. Seit ca. $^1/_2$ Jahr ist er verlobt, das Mädchen erscheine äußerlich nicht unsolide, sei aber im Auftreten wenig erfreulich. Seit G. verlobt sei, vernachlässige er sich äußerlich außerordentlich. Er schwindle immer noch wie früher und prahle, um sich wichtig zu tun; es sei keinerlei Verlaß auf seine Aussagen und Handlungen. Vor einigen Monaten erschien in seinem Auftrag ein Monteur mit einem Radioapparat aus einem eleganten Geschäft Unter den Linden. Dieser wurde trotz Sträubens der Eltern angeschlossen. Hinterher kam heraus, daß G. seiner damaligen Braut einen ebensolchen Apparat geschenkt hatte. G. hatte auf Abzahlung gekauft und zahlte nie ab. Auf ewige Mahnungen zahlte die Mutter. Später wurde wegen Zahlungen geklagt. G. leistete den Offenbarungseid. Die Eltern, die in Angst schweben, machen seine Briefe auf und haben auf diese Art entdeckt, daß G. in eine Krankenkasse eingetreten ist, aber keinerlei Beiträge bezahlt, in einer Lebensversicherung ist und von der Gesellschaft Mahnungen erhält. Die Eltern haben ihn nun einfach wieder abgemeldet. Sehr charakteristisch für G. ist, was Frau C. über den Beitritt erzählt. In den Cafés machten sich oft Agenten an die Musiker heran und G. habe in solch einem Fall einfach nicht die Kraft, nein zu sagen. Zur gleichen Zeit, in der er die 5 Mark wöchentlich nicht abzahlt, habe er sich einen kostbaren, ledernen Geigenkasten für 2 Violinen gekauft für ca. 120 Mark, nehme auch immer seine beiden Geigen mit, anscheinend, um einen großartigen Künstlereindruck hervorzurufen, habe außerdem einen eleganten Spiegelschrank für seine spätere Einrichtung gekauft. Gegen die Heirat, zu der die Eltern auf keinen Fall die Einwilligung geben wollen, spräche auch, daß G. anscheinend einen Tripper gehabt habe . . .

G. sei zu Hause sehr unliebenswürdig und unangenehm, vor allem wegen der Vorhaltungen über die Radiogeschichte und weil sich die Eltern gegen die Heirat stemmen. Frau C. hat nicht den Eindruck, daß G. den Wunsch hat, aus seiner jetzigen Lebensweise herauszukommen, sondern, daß er ganz zufrieden mit sich sei.“ (Entwicklung wird weiter beobachtet.)

Käte L. Geboren *1. I. 1906.*

Aufgenommen in der Klinik am 29. VII. 1925 auf Antrag der B.f.H., der Käte im Juni 1925 vom J.A. X. überwiesen wurde, um sie im H.E.H. unterzubringen.

Vater Schlächter, 58 Jahre, Alkoholiker. Mutter 48 Jahre, nervenleidend. Gestorben 1923. Geschwister: 4 Schwestern und 2 Brüder zwischen 19 und 31 Jahren. Käte ist die Jüngste.

Vorgeschichte (nach den Akten des J.A. in X.):

August 1922. Ermittelung der Fürsorgerin:

Die Eltern Kätes stehen, abgesehen von der Trunksucht des Vaters, angeblich in dem Ruf, rechtliche Leute zu sein. Nach Aussage des Schwiegersohnes hat der Vater das Vermögen seiner Frau, die aus guter Familie stamme, durchgebracht. Die Mutter selbst macht einen einfachen freundlichen Eindruck. Durch 12 Geburten ist sie körperlich sehr geschwächt, dazu nervenleidend.

Käte ist rechtzeitig geboren, normale Geburt, Flaschenkind. Drüsen. Bis zum 2. Jahr nächtliches Aufschreien. Bis zum 15. Jahr Einnässen. Onanie.

Früh sprechen gelernt, sehr leichte Auffassung. Launenhaft und sehr reizbar; rührselig. Mangel an Gleichmäßigkeit.

Schule: Die ersten Jahre Volksschule, dann Mittelschule. Aus der 3. Klasse entlassen. Urteil der Schule über Fähigkeiten, Eifer und Führung sehr ungünstig.

K. hat sich seit ihrer Kindheit als unwahr, faul, unordentlich und leichtsinnig erwiesen. Während sie von ihrer Mutter als besonders intelligent geschildert wird, geht aus dem mündlichen Bericht ihres ehemaligen Rektors hervor, daß sie nur mangelhaft begabt war und zweimal das Klassenziel nicht erreicht hat. Ihre Führung war schon damals so, daß man eine spätere Gefahr der Verwahrlosung befürchten mußte. Bis auf eine kurze Lehrzeit, aus der sie ausschied, weil es ihr an Lust fehlte, ist K. keiner Tätigkeit nachgegangen. Mit Vorliebe liegt sie — Schundromane lesend — auf dem Sofa. Raucht täglich 30—40 Zigaretten, in deren Besitz sie größtenteils dadurch gelangt, daß sie diese ihren Freunden heimlich aus der Tasche zieht. Des Abends hält sie sich häufig in Lokalen auf, oft kehrt sie erst nach Mitternacht zurück. Geschlechtlichen Verkehr kann man ihr nicht nachweisen. Ermahnungen prallen an ihrem Gleichmut ab. Die Eltern kennen die Schwächen ihrer Tochter genau, besitzen aber nicht die Kraft, sich ihr zu widersetzen; besonders die Mutter ist geneigt, ihr die weiche Seite zu zeigen. Sie schiebt die Hauptschuld auf den Umgang mit einem Barmädchen.

17. VIII. 1922. Der Schauspieler H. erscheint auf dem J.A. und sagt aus: Meine 16jährige Schwägerin K. lügt, stiehlt, betrügt und treibt sich nächtelang herum. Kürzlich hat sie einer der Schwestern eine Bluse und Bettwäsche entwendet und alles verkauft. Nachmittags und abends hält sie sich durchweg in Cafés auf; vor 2 Uhr nachts ist sie nie zurück, meist gegen $^1/_4$4 Uhr. Vor 10 Tagen war sie plötzlich verschwunden. Ihr Aufenthalt konnte auch nicht mit Hilfe der Sittenpolizei festgestellt werden. Etliche Tage später schrieb sie uns von einer Haltestelle kurz vor Berlin, daß sie jetzt Kinderwärterin werden wolle und erst Nachricht geben wolle, wenn sie ein guter Mensch geworden sei. Schon am Tage darauf bat sie telephonisch von Berlin um Geld für die Rückfahrt. Dieses wurde ihr gewährt. Am Nachmittag vor ihrem Entweichen war sie in einer Diele, ihre Handtasche war mit Geld gefüllt. Als die Schwester nach Berlin fuhr, um K. zu holen, war diese bereits von der Sittenpolizei festgenommen worden und dieser sogar inzwischen ausgekniffen. Die ältere Schwester hat sie dann nach L. überführt . . . K. ist ausgesprochen gemein. Allen Ermahnungen tritt sie mit Frechheit gegenüber. Sie betrügt ihre Eltern auf jede erdenkliche Weise, um ihren Liebhabereien nachgehen zu können. Kürzlich hat sie sich einem Barmädchen gegenüber als Tänzerin ausgegeben. Als diese erklärte, bei ihr Unterricht nehmen zu wollen, ließ sie sich im voraus eine Summe Geldes geben. Als der Unterricht beginnen sollte, machte sie eine Ausrede. Gestern abend soll meine Schwägerin im Zirkus gewesen sein. Sie ist von dort nicht nach Hause zurückgekehrt. Heute früh wurden wir vom hiesigen katholischen Krankenhause aufgefordert, das Mädchen dort abzuholen. Als Grund der Einlieferung gab man an, das junge Mädchen hätte wegen schlechten Befindens im Zirkus der Aufnahme bedurft. Sie ist in der Nacht um 3 Uhr in Begleitung von 2 Herren und 1 jungen Mädchen in einem Auto ins Krankenhaus gebracht worden. Die jungen Leute haben angegeben, die Entschädigung für die Nachtwache zahlen zu wollen, sie haben sich aber sofort mit dem Auto aus dem Staube gemacht. Als ich ins Krankenhaus kam, um meine Schwägerin zu holen, war diese bereits mit einer Freundin fortgegangen.

21. VIII. 1922. Die Mutter und eine ältere Schwester K.s auf dem J.A.: Als Schülerin naschte sie besonders gern, hatte immer Süßigkeiten bei sich, kaufe sich auch jetzt häufig Schokolade und lasse den Betrag für ihren Vater anschreiben. . . . K. ist derart ängstlich, daß sie nicht dazu zu bewegen ist, allein in einem Zimmer zu schlafen oder 10 Min. allein zu sein. Vor dem Anblick eines Toten habe sie unbeschreibliche Furcht. . . . Frau L. schildert K. als im übrigen besonders gutmütig und fürsorglich mit Kindern, tadelt aber ihre große Vergnügungssucht. In der Schule hatte sie im Betragen vom ersten bis letzten Zeugnis 4, ähnlich war es in den Leistungsfächern. Dazu störte sie häufig den Unterricht, war albern und unwahr. Von den meisten Mitschülerinnen wurde sie nicht geachtet.

Ende August 1922. Hausermittelung durch Fürsorgerin: K. zeigte ein überaus sicheres Auftreten, war frisch und natürlich. Es ist ein großes, kräftig gebautes, hübsches Mädchen. Aus ihren Erzählungen sprach großer Leichtsinn. Mit der Arbeit steht sie offenbar nicht auf gutem Fuß . . . Daß es Mädchen gibt, die nicht mehrere Male in der Woche an Tanzereien teilnehmen, ist ihr unverständlich . . . Sie verspricht, sich jetzt ernstlich auf den kaufmännischen Beruf vorbereiten zu wollen . . .“ Im Oktober 1922 wird berichtet, daß K. seit längerer Zeit von der Handelsschule fortgeblieben sei. Sie ist somit schulpflichtig für die Fortbildungsschule, aber noch nicht erschienen. Sie hat monatelang keinerlei Tätigkeit ausgeübt. Nach ihren Angaben will sie sich jetzt als Kinderpflegerin ausbilden . . .

November 1922. Hausermittelung: K. hat sich 15 Tage ohne Erlaubnis der Eltern auf Reisen aufgehalten, war erst in Frankfurt a. M., dann Kassel. Um die Unkosten zu bestreiten, hat sie vorher Kleidungsstücke verkauft. In Frankfurt wohnte sie in einem Hotel. In Kassel wurde sie von einem bekannten Herrn in einem Gasthof untergebracht, er machte den Eltern davon Mitteilung. K. gibt an, überall den Versuch gemacht zu haben, als Tänzerin oder Schauspielerin Anstellung zu bekommen. Mit Männern ist sie nach ihrer Aussage noch niemals in unerlaubte Beziehungen getreten. Sie gibt an, mindestens 1000 Bekanntschaften gemacht zu haben, sich aber bei Forderungen unsittlicher Handlungen stets gewehrt zu haben, indem sie den Männern ein Sektglas an den Kopf geworfen hat. K. scheint das männliche Geschlecht in ziemlich raffinierter Weise auszunutzen, um ihnen, wenn der Höhepunkt erreicht ist, den Laufpaß zu geben. K. trägt kurzgeschnittenes, gewelltes Haar, kurze Röcke, seidene Strümpfe, ausgeschnittene Schuhe. . . Sie will gegen den Willen der Eltern die Bühnenlaufbahn einschlagen, oder Tänzerin werden."

Zeugnis einer chemischen Fabrik über K.: „. . . K. L. war von Ende Juli bis Mitte August 1921 bei uns als Kontoristin (?) tätig. Wir entließen sie, weil sie in diesen 3 Wochen etwa 14 Tage fehlte mit der Begründung: einmal, sie sei aus dem Auto gefallen, sie hätte sich beim Tanzen den Fuß verletzt, oder sie sei heiser gewesen. Im übrigen machte sie bei uns den Eindruck einer leichtfertigen Person."

Januar 1923. Hausermittelung: Dem Anscheine nach ist K.s Schwester F. ernstlich bemüht, gut auf sie einzuwirken. Sie hält sie jeden Morgen zur Verrichtung bestimmter Arbeiten an und prüft sie. Ihre Kleidungsstücke werden nach Aussage der Mutter verschlossen, um ihre Flucht zu verhindern. Es ist möglich, daß es der Schwester, die einen günstigen Eindruck macht, gelingen wird, K. für eine gewisse Zeit zu einem soliden Leben heranzuziehen.

Februar 1923. Hausermittelung: Inzwischen hat K. mehrere Wochen in einem Hotel zugebracht und Schulden in einer Höhe von 30 000 Mark gemacht. Diese Summe soll von der Mutter gedeckt worden sein. In der Bahnhofswirtschaft machte sie jeden Tag eine Zeche von 28 000 Mark, für die sie, da es ihr an Geld fehlte, ein Kleid als Pfand hinterließ, das sich als fremdes Eigentum erwiesen hat.

Februar 1923. Bericht der Kriminalpolizei an J.A.: Mamsell A. zeigt an: „In letzter Nacht um 12 Uhr, als ich mit einem Bekannten vor meiner Haustür stand, kam ein junges Mädchen und gab an, es sei Artistin. Ein Mann habe es nach Hause begleitet und dann mit in seine Wohnung gewollt. Es habe dieses abgelehnt, und sei der Mann hierauf mit den Wohnungsschlüsseln ausgerückt. Es könne nun nicht in die Wohnung gelangen. Aus Mitleid habe ich das Mädchen mit in meine Wohnung genommen zum Schlafen. Heute morgen erklärt sie, sie wolle sich dankbar erweisen und mir Stoff für ein Kleid und meiner Schwester einen Mantel ganz billig verkaufen. Meine Schwester und ich gaben ihr je 5000 Mark als Anzahlung. Alsdann sind die L. und ich zusammen in die Stadt gegangen; die L. bewunderte meinen Pelzkragen und bat, ihn für den Weg umlegen zu dürfen. Ich gestattete auch dieses. Nachdem wir einige Besorgungen erledigt hatten, und ich wieder in meine Wohnung gehen wollte, erklärte die L., sie wolle zu ihrer Mutter, die bei einer Schwerkranken als Pflegerin sei, gehen, um sich den Wohnungsschlüssel zu beschaffen. Alsdann werde sie mit dem Kleiderstoff, dem Mantel und meinem Pelzkragen zu mir kommen. Sie ist nicht erschienen, außerdem habe ich noch festgestellt, daß sie heute nicht in die Wohnung ihrer Eltern gekommen ist und auch nicht Stoff und Mantel zu verkaufen hat."

Sie ist dann festgenommen und wieder ausgerückt. Die Schwester teilte der Kriminalpolizei dann mit, daß sie in O. sei. Den Pelzkragen hat sie versetzt, die Mutter wird ihn einlösen und abliefern ... Nach einigen Tagen brachte die Mutter den Kragen und sagte aus: „K. sei krank und völlig zusammengebrochen aus O. zurückgekehrt".

März 1923. Einleitung des F.E.-Verfahrens.

Juni 1923. Bericht der Frau K. an die Staatsanwaltschaft: Am 29. III. bot mir K. L. einen hellen Mantel zum Kauf an. Ich willigte ein, da der Preis sehr niedrig war. K. L. bat um sofortige Auszahlung ... Am anderen Tag sollte ich den Mantel abholen. Da ich Gefahr befürchtete, ging ich gleich am frühen Morgen hin. L. öffnete mir selbst. Sie ging dann mit den Worten: „Ich komme gleich zurück", an mir vorbei und kehrte nicht wieder. Durch die Mutter erfuhr ich dann, die L. hat mir nicht den eigenen, sondern den Mantel der Schwester angeboten, ihren eigenen hat sie bei einem Althändler versetzt. Ferner sagte mir die Mutter, sie habe vor $^3/_4$ Jahren in die Zeitung gesetzt: „Komme für die Schulden meiner Tochter nicht auf". K. L. selbst habe geäußert, sie könne zu einem Kapitän gehen, der ihr gleich Geld gäbe. Frau L. habe ferner einen Brief gefunden, in dem ihre Tochter einen „Herrn" bittet, ihr Geld zu geben.

Von *Mai bis Juni* befand sich K. auf Veranlassung der Eltern zur Beobachtung ihres Geisteszustandes in der Heilanstalt T. Das dort unter dem 7. VII. 1923 abgegebene *Gutachten* des Stationsarztes lautet:

„Ausgesprochene Geisteskrankheit liegt bei K. L. nicht vor, es haben sich keine Anhaltspunkte ergeben, daß eine solche zu irgendeiner Zeit bei ihr bestanden hätte. Auch von einem krankhaften Schwachsinn kann bei ihr nicht die Rede sein, wenn auch ihre Schulkenntnisse und ihre Urteilsfähigkeit als gering bezeichnet werden müssen. Eine gewisse äußere Sicherheit und Gewandtheit täuschen darüber hinweg. Andererseits weist aber K. L. eine große Anzahl abnormer Züge auf dem Gebiete des Gefühls- und Willenslebens auf, die der Ausdruck einer krankhaften seelischen Veranlagung sind. Sie ist erblich belastet. Die krankhafte Veranlagung hat sich frühzeitig in ihrem Lebensgang und in ihrer Lebensführung gezeigt.

Während der hiesigen Behandlung sind die Äußerungen der krankhaften Anlage zweifelsohne wesentlich zurückgetreten. K. ist hier einmal zu einer gewissen Ruhe und Besinnung gekommen, so daß sie Einsicht in die vielen Verkehrtheiten ihres Lebenswandels zeigt. In das Vorhalten dieser Einsicht wird man natürlich Zweifel setzen können. K. L. hat jedoch durch ihre Verbringung in die Heilanstalt einen gewissen Schock bekommen. Es ist möglich, daß auch der Schock vor der Irrenanstalt geeignet ist, ihr Hemmungen zu setzen. Jedenfalls rechtfertigt der gegenwärtige Zustand, noch einmal von einer Anstaltserziehung vorerst abzusehen. Die Angehörigen der L., die den besten Willen haben, K. auf den Weg zu bringen, wollen sie außerhalb X. in eine geeignete Familie in Stellung bringen. Ich empfehle, dem Wunsch nachzukommen."

12. VII. 1923. Beschluß des Vormundschaftsgerichts: Unterbringung in einer geeigneten Familie. Schutzaufsicht.

24. VII. 1923. Tod der Mutter.

10. VIII. 1923. Bericht des Bruders an das J.A.:

... K. ist in der Familie eines Arztes gewesen und dort entlaufen, hat aus Saßnitz eine Karte geschrieben ... Vom *24. VIII.* an hat K. in dem Ort R. bei L. eine Stellung als Hausmädchen inne. Der dortige Waisenrat führt die Schutzaufsicht über sie. — Am *30. VIII.* bittet die Schwester auf dem J.A. um sofortige Festnahme und Unterbringung K.s, da K. bereits nach 10 Tagen in X. fortgelaufen ist. Sie hat Kleidung und Wäsche wieder verkauft, gibt ihr ganzes Geld für Zigaretten und Alkohol aus. „Ich bin ihrem raffinierten Wesen gegenüber machtlos. Als ich sie aus einem Lokal holen wollte, verleugnete sie mich und sagte: Was fällt Ihnen ein, mich anzureden und mich als Ihre Schwester zu betrachten, ich kenne Sie nicht. Sie hat früher die Mutter auch verleugnet, sie Fremden gegenüber als ihre Reinemachefrau bezeichnet. Als sie bei dem Arzt in Stellung war, gab sie an, die Tochter eines Arztes zu sein, dann wieder, ihr Vater sei Schlachthausdirektor ... In letzter Zeit ist sie mehrfach nachts auf der Straße ohnmächtig geworden. Am Morgen darauf sehr starken Appetit entwickelt ... Als die Schwester ihr zum erstenmal wieder Geld zum Einholen anvertraute, verschwand sie mit der Wäsche und Kleidung der Schwester. Sie hat versucht, die Sachen zu verkaufen. Als sie festgenommen werden sollte, konnte sie nicht ermittelt werden. Sie soll sich in H. mit Männern herumgetrieben haben unter fingiertem Künstlernamen Hedda ...

September 1923 war sie bei einer Truppe, hat dort einen Artisten veranlaßt, sie mit in seine Wohnung zu nehmen, hat sich dort Mantel und Geld erschwindelt.

Am *5. X. 1923* wird sie dann in der elterlichen Wohnung festgenommen. Sie gibt dabei an, sie werde sich aus dem Fenster stürzen, geht aber ruhig mit ins Gefängnis. Am *17. X.* erfolgt vor dem Jugendgericht die Verurteilung zu 9 Monaten Gefängnis, Kosten des Verfahrens, Strafvollstreckung. Die Strafe wird verbüßt.

September 1924 wird berichtet: K. befindet sich noch im Elternhaus. Sie ist ohne Stellung. Wiederholt war sie in Lokalen, hat sich auch betrunken, hat in $1^1/_2$ Tagen 100 Zigaretten geraucht, sieht sehr schlecht aus, raucht statt zu essen, war dazu 1 Tag in H., hat sich dort mit einem Dielenbesitzer amüsiert ...

13. XI. 1924 gibt K. selbst im J.A. an, sie sei nach H. geflüchtet, weil wieder ein Haftbefehl gegen sie schwebe (Diebstahl). Sie bittet um erneute Aufnahme in der Heilanstalt T.

„Die erneut vorgenommene Untersuchung der K. L. hat zu keinem anderen Resultat geführt wie früher. K. ist nicht geisteskrank, strafrechtlich verantwortlich, wenn auch auf Grund ihrer psychopathischen Veranlagung vermindert zurechnungsfähig. Die zur Zeit geäußerten nervösen Beschwerden wie z. B. Kopfschmerzen, Unruhe, abwechselnd Heißhunger und Appetitlosigkeit sind sicher zum Teil übertrieben ... K. L. hat selbst den Wunsch nach einer Behandlung in der Heilanstalt, weil sie dort bereits für einige Zeit zur Ruhe gekommen sei."

20. XI. 1924. K. geht von sich aus in die Erziehungsanstalt A. und bittet um Aufnahme. Sie muß von dort durch Polizei abgeholt werden, da sie laut telephonischer Nachricht die ganze Anstalt in Aufregung bringt.

6. XII. 1924. K. ist erneut zur Beobachtung ihres Geisteszustandes in die Heilanstalt T. überführt worden.

„... K. L. ist *nicht* geisteskrank ... Sie ist aber intellektuell und moralisch minderwertig und besitzt eine erhebliche Haltlosigkeit und Willensschwäche. Ferner neigt sie zu nervösen Beschwerden, die sich allemal dann einstellen, wenn für sie unangenehme Situationen drohen (Verhaftung, Obdachlosigkeit u. a.).

Bei dem vorgeschrittenen Alter der L. und ihrer ausgeprägten Anlage wird ihre Unterbringung in einer Erziehungsanstalt einen Erziehungserfolg nicht mehr haben. Sie würde nur den Zweck einer Verwahrung erfüllen. Für eine solche käme aber nur eine *geschlossene* Anstalt in Frage."

Wegen wiederholter Diebstähle im November und Dezember 1924 hat K. im *März-April 1925* erneut eine Strafe (von 42 Tagen Gefängnis) abzubüßen.

30. III. 1925 bittet sie in einem Brief an das J.A., bei ihrer Entlassung aus der Haft von einer Unterbringung im Mädchenschutzhaus abzusehen, „da ich die feste Absicht habe, von jetzt an ein neues Leben zu beginnen ... Ich will nun ein ordentliches und gutes Mädchen werden ..." Während von seiten des Strafdirektors diese Bitte befürwortet wird, da „K. L. ein reumütiges Wesen zeigt, ordentlich und fleißig ist und immer wieder neu versucht, so daß man ihr noch einmal Glauben schenken darf", wird ärztlicherseits entschieden der Versuch der Dienstunterbringung für unangebracht erklärt.

K. wird demgemäß am *17. IV. 1925* in eine Erziehungsanstalt überführt. Von dort aus schreibt sie bald einen 4 Seiten langen Brief an die Fürsorgerin des J.A., es gefalle ihr nicht, obwohl sie sich in ihrem Verhalten große Mühe gebe; sie habe es am Magen, sie sehne sich nach guten Büchern, nach einer schönen Andacht, nach einem Menschen, dem sie alles sagen könne usw.

Im *Juni 1925* Entlassung aus der Anstalt.

9. VI. 1925. Antrag des J.A. auf Unterbringung in einem der H.E.H. der B.f.H. Aus dem Aufnahmeantrag: „Nun haben Sie neulich selbst sich bereit erklärt, H. D. in Ihrem Heim aufzunehmen. ... Ich möchte Ihnen gleich noch ein ganz ähnliches Mädchen mitbringen, deren Erziehung mir jedoch bedeutend aussichtsreicher erscheint, weil sie allen ihr zur Verfügung stehenden guten Willen mitbringt. Sie ist gebildeter als H ...

....Wir sind der Überzeugung, daß 2 Umstände bei dem Mädchen zusammentreffen, die sie in den Zustand drohender Verwahrlosung hineinbrachten: 1. ihre schwierige Anlage; 2. ihre absolut unzulängliche häusliche Erziehung. Wir erhoffen von einem längeren konsequenten erziehlichen Einfluß gute Wirkung."

17. VI. 1925. Unterbringung im H.E.H. der B.f.H.

30. VII. 1925. Brief aus dem H.E.H. an das J.A.: „... Ich kann nicht verstehen, daß Sie in Ihrem ersten Brief schrieben, K. L. komme mit gutem Willen. Sie kommt einstweilen noch nach meinen Beobachtungen mit überhaupt keinem Willen, wenn mit irgend etwas, mit passiver Resistenz und mit dem Versuch, sich um alles, was ihr unbequem ist oder werden könnte, zu drücken. Sie hat bei uns von Anfang an die größten Schwierigkeiten gemacht, hat Heulszenen gemacht und Erregungszustände bekommen, hat jedem, der es hören wollte, von ihren Unterleibsbeschwerden erzählt, die, wie dann bei einer gynäkologischen Untersuchung festgestellt wurde, nur in verschwindend geringem Maße organisch begründet sind. Sie hat einen Anlauf genommen, um ihre Arbeit zu machen, die man zwischen ihr und den beiden Erzieherinnen in der sorgfältigsten Weise, den Neigungen K.s entsprechend, eingeteilt hatte. Der Anlauf hat $1^1/_2$ Tag angehalten, dann bekam sie ‚Brechdurchfall' und einen ‚Blasenkatarrh' und lag einen ganzen Nachmittag im Bett, am Abend dieses Tages bekam sie einen Erregungszustand, drohte mit Selbstmord und wollte entlaufen. Sie ist im Augenblick durch eine stark autoritative Behandlung immer wieder zu halten, aber fehlt dieser betreffende Mensch, so setzen die gleichen Zustände in verstärktem Maße wieder ein ... Nachdem sie gestern zum 2. Mal ausgerückt war, habe ich sie in die psychiatrische Klinik bringen lassen. K. ist wohl ein ganz besonders schwieriges Mädchen, und ihre Gefährdung bzw. Verwahrlosung doch schon in einem solchen Fahrwasser, daß es eben ganz besonderer Maßnahmen bedarf, um hier überhaupt zunächst aufhaltend zu wirken."

29. VI. 25. Eigene Angaben von Patientin (vgl. dazu objektive Angaben des J.A. X.).

Pat. war 10 Tage im H.E.H.W. — Schon nach einigen Tagen habe sie viele Aufregungen gehabt, worüber, könne sie gar nicht einmal mehr sagen. Es habe sich wohl nur um Kleinigkeiten gehandelt. Einmal sei sie sehr erregt gewesen, weil die Leiterin von ihr verlangt habe, bei Kindern zu schlafen. Das sei ihr unangenehm gewesen, weil sie sich nicht in Gegenwart der Kinder entkleiden und waschen wolle. Sie habe angefangen zu weinen, erinnere sich auch, daß ihr ein Arzt eine Morphiumspritze verabreicht habe. Nach dieser Spritze habe sie sich tagelang nicht auf den Beinen halten können. Was dann passiert sei, wisse sie nicht, „das ist mir ganz entschwunden". Sie wisse nicht, warum sie hierher gekommen sei, erinnere sich nur, aufgeregt gewesen zu sein. — Sie äußert die Absicht, d. Ref. alles offen zu sagen, sie sei mit sich zu Rate gegangen. „Sie halten mich für schlecht?" Auf verneinende Antwort „also für psychopathisch". — Will ihre Lebensgeschichte erzählen. Mit 8 Jahren sei ihre Mutter schwer krank gewesen. Was dann eingetreten sei, könne sie nicht vergessen. Ihr Vater habe angefangen, stark zu trinken. Er sei nächtelang nicht nach Haus gekommen, sorgte nicht für seine Kinder. An Mißhandlungen sei nichts vorgekommen. Mit 8 Jahren sei sie von einem Manne mißbraucht worden, indem dieser mit Nadeln ihren Körper zerstochen habe. Als sie schrie, habe er ihr den Mund zugehalten. Zu einer strafrechtlichen Verfolgung sei es nicht gekommen, da der Täter Selbstmord verübt habe. Erzählt dann, ausgefragt, von der ärztlichen Behandlung, die ihr zuteil wurde: Die Eltern hätten sie auf Anordnung des Arztes auf ein Brett geschnallt, um festzustellen, ob sie masturbiere. Korrigiert ihre Angabe dann dahin, daß sie erst festgeschnallt worden sei, nachdem sie onaniert hatte. — In der Schule sei sie faul gewesen, das Lernen sei ihr leicht gefallen. Kam bis zur 3. Klasse einschließlich. Mit den Mitschülerinnen sei sie gut ausgekommen. Hatte nur oberflächliche Freundschaften, war am liebsten allein. Habe viel gelesen, „alles". „Meistens gute Bücher". Mit der Mutter sei sie gut ausgekommen, mit dem Vater sehr schlecht (s. o.). Die Erziehung sei nicht streng gewesen, erst als ihre älteste Schwester aus Amerika zurückkam, sei es damit anders geworden. Diese sei sehr streng zu ihr gewesen, habe sie geschlagen, wenn sie ungezogen war. Konnte nicht gehorchen, las verbotene Bücher (nennt Bücher harmlosen Inhalts). Kein vorzeitiger Verkehr mit Knaben. — Sehr empfindlich gegen Schelte, lief für Stunden fort, aß tagelang nichts, wenn sie gescholten wurde. — Als Pat. mit $14^1/_2$ Jahr aus der Schule kam, blieb sie 1 Jahr zu Hause, betätigte sich gar nicht, angeblich weil sie alles verkehrt machte. Habe Lust zum Haushalt gehabt. Bereits mit 13 Jahren erhielt Pat. Unterricht bei einer Balletmeisterin. Hatte den Wunsch zur Bühne zu gehen. Mit 15 Jahren rückte Pat. zum erstenmal von Haus aus, weil sie sich geärgert hatte. Den Grund könne sie nicht mehr angeben. Um Geld zu bekommen, verkaufte sie ihren Mantel, fuhr nach Berlin, wurde hier aufgegriffen (bereits am 1. Tage), fuhr dann allein wieder nach X. Sie habe ihren Eltern mal Angst machen wollen und ihnen beweisen, daß sie ihre Drohung fortzulaufen, wahr machen könne. — Lief dann noch wiederholt fort, wohl 10—12 mal. Verkaufte Sachen ihrer Geschwister, unterschlug auch fremden Leuten Sachen. Um was es sich gehandelt hat, will Pat. nicht sagen: „da schäme ich mich". „Das ist das Schrecklichste in meinem Leben". Bekam 9 Monate Gefängnis, die sie abgesessen hat. Später sei sie noch einmal mit 6 Wochen Gefängnis bestraft worden. Sie habe sich damals selbst angezeigt — es handelte sich ebenfalls um Unterschlagungen — um ihr schlechtes Gewissen zu entlasten. In den letzten $1^1/_2$ Jahren sei sie nicht mehr bestraft worden. Seitdem sei sie fast ständig in Anstalten gewesen. Auf eigenen Wunsch kam sie nach W. (H.E.H.), um dort den Haushalt zu erlernen. —

In der einen Anstalt sei es schrecklich gewesen. Sie wäre mit Fürsorgezöglingen zusammen gewesen. Dort sei das wenige Gute in ihr ganz unterdrückt worden. Sie habe Illusionen gehabt, habe sich das Leben anders vorgestellt. Ihr Glauben an die Welt sei groß gewesen, aber bitter enttäuscht worden. Sie habe Liebe gesucht, aber nicht gefunden. — Über platte Redensarten kommt Pat. nicht hinaus. Dringt man nachher in sie, sagt sie, sie könne es nicht in Worten ausdrücken, schäme sich, darüber zu sprechen. Aus der ganzen Art, wie sie sich bei der Exploration gibt, gewinnt man den Eindruck, daß sie sich in ein gutes Licht stellen will. Wirft mit Gemeinplätzen um sich, spricht von ihrem Streben nach etwas Hohem. Sie verurteilt die Mädchen, welche ihren Körper an jeden hingeben, sie suche etwas Höheres. Sie kenne sich manchmal selbst nicht. Einmal möchte sie ein neues Leben anfangen, dann wieder komme ihr der Gedanke, die Menschen meinen es doch nur schlecht mit ihr, wollten sie dauernd in Anstalten einsperren. Sucht die Schuld an ihrem Leben nicht nur in sich selbst, sondern meint, es spiele auch Vererbung mit. Sie sei das 14. Kind einer kranken Mutter. — Spontan: „Ich hasse mich selbst. Sie werden sicher vieles lächerlich finden“. — Will etwas sagen, zögert, es sei zu furchtbar. Findet sich dann doch bereit: „Ich glaube, ich bin sogar von Gott verworfen“. Sie sei religiös. Auf zweifelnden Einwand lächelt sie: „Sie kennen mich ja nicht“. — Unter ihrem Leben leide sie sehr. „Ich denke immer, alle Menschen müssen mich verachten.“ Sie habe mal die Absicht gehabt, Diakonissin zu werden. — Beklagt sich, daß ihre Akten stets mitgeschickt werden, das sei ihr Schreckgespenst.

Bestreitet wiederholt, daß sie mit Männern sexuellen Verkehr gehabt habe. Ihr Körper sei ihr zu schade dazu gewesen. Keine homosexuellen Neigungen.

Körperlich: 19jähriges Mädchen in gutem Ernährungszustand.

10. VIII. 25. Anginöse Erscheinungen zurückgegangen. — Seit etlichen Tagen starkes Jammern und Klagen, spricht dauernd die vorübergehenden Ärzte an, kommt mit jeder Kleinigkeit zu ihnen, erzählt triumphierend, daß sie 9 Pfund abgenommen habe. Sie habe ja auch nichts gegessen — und nun werde sie weiter nichts essen, um sterben zu können. Die Drohung, mit der Sonde ernährt zu werden, sei eine Feigheit, da sie doch die Schwächere sei: wozu sie denn noch leben solle; sie sei ja doch zu nichts nütze. — Und die Schmerzen, die sie habe, seien auch unerträglich; sie winde sich direkt, so tue ihr der Unterleib weh; und die Ärzte wüßten ja doch nicht, woher; da sage ja jeder was anderes; sie selbst wisse, woher es komme, aber sie sage es nicht, sie könne das niemandem sagen.

Mit ihren Klagen und den theatralisch geäußerten Todeswünschen wechselt das Bitten und Flehen, man möchte ihr doch helfen; „Sie sind doch so klug, Herr Dr.; Sie sind doch zu den anderen so gut; warum helfen Sie mir nicht!"

Sie gibt an, so schwach zu sein, daß sie nicht mehr allein auf den Füßen stehen kann, auch sei sie schon verschiedentlich „hingeknallt", „direkt gegen die Tür". Tatsächlich läßt sie sich zur Toilette, zur Wage usw. stützen und führen, geht mit geknickten Knien, den Kopf schlaff herabhängend, und fängt auf die Frage, ob sie denn nicht laufen könne, sehr stark und laut zu weinen an: man glaube ihr nichts, und sie könne doch wirklich nicht, und es sei doch kein Theater von ihr.

14. VIII. 25. Vor einigen Tagen war Pat. sehr unruhig, ging trotz wiederholten ärztlichen Verbotes oft außer Bett. Als sie wieder ins Bett geführt werden sollte, zerwarf sie ein Glas, versuchte auch nachher, mit dem Bettuch sich zu erwürgen. Wurde vorgestern auf die Villa gebracht und gepackt. Verweigerte das Essen.

Sofort sehr ruhig gewesen, so daß Pat. gestern wieder in den Wachsaal zurückverlegt werden konnte. Aß auch wieder richtig.

Beklagt sich heute über schlechte Behandlung von seiten einer Pflegerin, die an allem schuld hätte; macht man dagegen Einwände, verzieht Pat. ihr Gesicht zum Weinen, ohne eine Träne zu verlieren, reibt die Augen mit beiden Händen und sagt in weinerlichem Ton: „Ach es ist so schlimm, das brauche ich mir doch nicht gefallen zu lassen." Ist schnell zu beruhigen. Ruft aber immer, sowie ein Arzt an ihrem Bett vorbeigeht, ihn an, sie müsse ihm dringend was sagen, er müsse sich aber an ihr Bett setzen. Erzählt dann weitschweifend irgendeine Lappalie.

25. IX. 25. Nachdem Pat. in der ganzen Zeit sich wohl gefühlt hat, fühlt sie sich jetzt seit 2 Tagen, im Anschluß an die Menses, sehr schlecht, klagt über starke Beschwerden im Leib, verlangt, daß man ihr das Heizkissen gebe. Die Schmerzen lokalisiert Pat. besonders auf die linke untere Bauchgegend, sie zögen aber auf die rechte Seite hinüber.

29. IX. 25. Pat. fühlt sich sehr wohl, klagt nicht mehr über Schmerzen im Unterleib. Ist noch bettlägerig, wird am Tage in den Garten gebracht. Im Benehmen keine wesentliche Veränderung eingetreten.

6. X. 25. Psychisch in den letzten Wochen insofern etwas besser, als das Querulatorische, Weinerliche, reizbar Empfindliche in den Hintergrund getreten ist. Sie spricht und unterhält sich viel mit anderen Patienten, lächelt dem Arzt, der etwas weniger auf ihre Stimmungen eingeht, mit den Mienen einer leidenden Dulderin, doch sehr freundlich zu.

14. X. 25. Die fieberhafte Erkrankung der letzten Zeit macht Übersiedlung nach dem H.E.H. in K. unmöglich. Jetzt wieder Ungeduld, dementsprechend erhöhte Reizbarkeit und Weinerlichkeit.

20. X. 25. In der letzten Zeit unauffällig, glaubt, sie werde jetzt leichter mit dem Leben fertig werden. Ihre Äußerungen in dieser Richtung sind kraftlos, ohne rechten Affekt. Ihr ganzes Verhalten scheint gekünstelt.

Nach H.E.H. in K. entlassen.

Aus dem Bericht der Leiterin des H.E.H.:

1. K. machte bei ihrer Ankunft einen netten, freundlichen Eindruck, benahm sich gewandt. Auffallend waren die schwarzen Ringe um die Augen. K. gab sich scheinbar offen, erzählte jedem, der es hören wollte, von den vielen Spritzen, die sie bekommen, von ihrem Unterleibsleiden, vom „Geschontwerdenmüssen", von ihrer Freude an religiösen Dingen, von ihrer Vorliebe für Reinlichkeit, Instandhaltung der Wäsche, Ordnung. Am kommenden Tag verrichtete sie ihre Arbeit, war freundlich, höflich, anstellig, fühlte sich anscheinend fast schon heimisch, verstand ausgezeichnet, sich anzupassen, einzufügen, sich auf andere einzustellen. Der 3. Tag war ein Sonntag. K. bat, zum Gottesdienst und Abendmahl gehen zu dürfen. Sie kehrte pünktlich zurück, erzählte vom Kirchgang und fragte dann unvermittelt: „Warum sehen Sie mich so ernsthaft an? Haben Sie etwas gegen mich?" (Eine Frage, die K. verschiedentlich in wenig anderer Form auch späterhin stellte, und zwar, wenn sie etwas Unrechtes im Schilde führte.) Am Nachmittag verließ sie unter irgendeinem Vorwande das Haus, kehrte nicht zurück, sondern fuhr von geliehenem Geld nach Berlin zu ihrer Schwester, wurde 2 Tage darauf durch B.f.H. zurückgebracht.

2. *Dezember 1925.* K. ist in der kommenden Zeit verhältnismäßig ruhig. Weihnachten genießt sie froh und dankbar, weint etwas aus Heimweh. Sie freut sich auf die bei weiteren Fortschritten in Aussicht gestellte Arbeit in der Küche, ein Vertrauensposten, in dem erhöhte Anforderungen an sie gestellt werden. Das Rauchen steht unter Kontrolle. Es läßt nach. K. gibt sich gern trüben Stimmungen hin; sie weint, sucht Familienbilder und Bibelsprüche hervor. Auf Körperpflege legt sie jetzt viel mehr Wert. Türknallen kommt nicht mehr vor. Ärger kann sie verschlucken, ihr Benehmen wird verfeinert; sie übt sich im Bescheidensein, im Rücksichtnehmen.

Januar 1926. K. kommt in die Küchenarbeit. Sie ist morgens die erste aus dem Bett, emsig, fleißig, eifrig, unermüdlich im Schaffen, froh und strahlend. Keine Arbeit wird ihr zuviel, sie ist glücklich, wenn sie bald hier, bald dort gerufen wird, läuft treppauf, treppab. Stolz und mit vor Eifer hochroten Backen sieht sie, wie *ihre* Suppe ins Eßzimmer getragen wird. Lob und Anerkennung beglücken und spornen sie weiter an. Todmüde sinkt sie am Abend zu Bett, ohne zu vergessen, daß noch ihre Strümpfe gestopft werden müssen. Für ihr zur Pflege besonders Befohlene sorgt sie aufmerksam und sorgfältig. Sie fühlt sich verantwortlich. Springt oft unaufgefordert ein. Große Mädchen necken und hänseln K. tüchtig in der Küche. Sie bleibt ruhig und gibt freundliche Antworten. Am Abend kann ich sie, trotzdem sie erregt ist, unbesorgt für eine Viertelstunde in den Garten gehen lassen.

Februar 1926. Käte ist gereizt, leicht beleidigt, empfindlich. Eines Tages streikt sie, ihre Küchenarbeit bleibt liegen. Sie ist empört wegen angeblichen Mißtrauens. Nach langer Auseinandersetzung nimmt sie die Arbeit wieder auf. Ihre Spannkraft läßt nach. Die Freudigkeit weicht, ihr früheres Leben erscheint ihr angenehmer, lockend. Sie macht Besorgungen und bleibt länger aus als erforderlich. Als sie zurückkommt, läßt sie mich in ein abgelegenes Zimmer bitten und antwortet auf meine Frage nach ihrer Verspätung, genau wie im Anfang ihres Aufenthaltes bei uns: Kopf zurück, patzig, verschlossen, überlegen, von oben herab. Sie bringt eine Alkoholatmosphäre mit, gibt zu: sie sei in der Stadt gewesen, habe sich in einem Café freihalten lassen, Likör getrunken und Zigaretten geraucht. Am kommenden Tag fühlt sie sich elend, schläft lange, ist sehr reizbar, will ihren Koffer packen und gehen. Die Unruhe steigert sich. Sie schreibt mir einen Brief, den ich am Nachmittag erst lesen soll (Abschiedsworte), versucht fortzulaufen. Am Abend größte Erregung, sie schließt sich ein, weint laut, zerwirft ein Glas.

Der Kontakt ist ein wenig gelockert. Eines Abends langes, erregtes Erzählen; sie bricht ab, will mir alles übrige schreiben und kommt damit nicht weiter. Als sie zu Bett liegt, sagt sie weinerlich und weich: „Hilf mir doch. Ich habe so viel schreckliche Erinnerungen. Es kommen wieder meine schlaflosen Nächte. Bleib bei mir.“ — Ihr Denken und inneres Arbeiten fängt an, sich im Kreis zu bewegen. Sie fragt, von einem Punkt ausgehend, immer dasselbe und kommt wieder auf den Ausgangspunkt zurück. Sie erzählt erneut, daß sie unrecht getan habe. Sie könne es mir nicht erzählen, sie wolle es schreiben. Nach langem Hinausziehen berichtet sie schließlich, daß sie sich auf Schulden Zigaretten besorgt und verraucht habe.

K. hat infolge verschiedener Krankheitsfälle (fehlende Arbeitskräfte, Pflege der Kranken) viel um die Ohren. Sie hält sich tapfer. Als es ihr einmal zu bunt wird, erscheint sie vor mir in Hut und Mantel, will die Arbeit liegen lassen und spazieren gehen. Doch sie läßt sich leicht umlenken. —

Da sie in der nun folgenden Zeit die Küchenarbeit vernachlässigte, mußte sie ihr abgenommen werden. Sie reagiert darauf mit fortgesetzter Reizbarkeit, will aus dem Heim fort, selbständig arbeiten. Trotz der Überzeugung der Heimleitung, daß K. noch nicht draußen arbeiten kann, wird sie am 1. V. 1926 entlassen, da ein längeres Halten K.s im Heim keine Förderung mehr verspricht.

Sie kommt durch Vermittlung der B.f.H. in eine Kochlehrstelle auf einem Gut.

Aus den Akten der B.f.H.: Am *15. V.* ruft die Wirtschafterin des Gutes telephonisch an, K. erzähle von sich und dem Heim die eigenartigsten Dinge, habe sich von den Küchenmädchen Geld geborgt und verraucht. Nun ist sie mit allen Sachen zurückgefahren, sie könne nicht länger bleiben: ihr sei Familienanschluß versprochen worden, das Zimmer, die Primitivität ihrer Umgebung, die rotbedruckte Bettdecke behage ihr nicht.

Mai-Juni 1926. Wiederaufnahme im H.E.H. in K. Bericht der Leiterin:

Ihr Verhalten ist gut. Sie ist in der Arbeit zuverlässig, fleißig, sauber und ordentlich. Seit sie aus der Kochlehrstelle zurück ist, ist sie in ihrem Wesen ruhig, unauffällig, leise. Man braucht gar nicht mehr zu „balancieren“.

Juli 1926 Vermittlung einer Kochlehrstelle in einem größeren Sanatorium durch B.f.H.

19. VII. K. verläßt die Stelle. Sie hatte geraucht, gelogen, war ausgegangen — als sie zur Rede gestellt wurde, bestand sie darauf, fortzugehen. Nachdem sie das Haus verlassen hatte, brachte sie in der naheliegenden Stadt mehrere Tage durch; die erste Nacht wohnte sie in einem Hotel, aß dort mit einem Herrn zu Abend, wohnte die 2. Nacht in einem anderen Hotel, nachdem sie sich von verschiedensten Seiten her Geld zusammengeborgt hatte, unter Vorspiegelung glänzender pekuniärer Verhältnisse der Eltern. Die 3. Nacht verbrachte sie bei einer Frau, die „Dienstmädchen bei ihren Eltern“ gewesen sei, und wurde von dort, wo die Leiterin des Sanatoriums sie ungepflegt und schmutzig vorfand, nach Berlin zurückgeschickt.

Juli-August 1926 ist K. in Berlin und bemüht sich um Arbeit. Aus eigenem Bedürfnis heraus hält sie engen Zusammenhang mit der B.f.H. Sie ist sehr erregt, spricht vom „Auf die Straße gehen", weiß täglich sensationelle Neuigkeiten — sie will Mannequin werden usw.

August 1926. Aktenvermerk nach einer Rücksprache mit K.: „. . . K. fühlt diesmal so stark, worin ihre Schwierigkeiten bestehen. Sie ist entschieden ruhiger geworden, man kann nicht umhin, zu bewundern, wie dieses Mädchen sich in dieser für sie wirklich sehr schwierigen Situation doch anscheinend hält."

September 1926. K. hat ein kleines Zimmer und bemüht sich weiter um Stellung.

1. X. 1926. Antritt einer Stellung, die ganz ihren Wünschen und ihrem Können entspricht: Kasino, Bedienen der Gäste, Herrichtung der kalten Küche; sie arbeitet den ganzen Monat mit Zuverlässigkeit und Freudigkeit. Der Chef ist mit ihr zufrieden, hebt aber ihre große Empfindlichkeit und ihr Mitteilungsbedürfnis hervor. Der Dienst ist anstrengend. K. muß sehr früh aufstehen, den ganzen Tag stehen und besonders mittags sehr angestrengt und konzentriert arbeiten. K. erscheint durchaus glücklich über Arbeit, gutes Gehalt, Selbständigkeit.

Anfang November 1926. Entlassung K.s aus ihrer Stelle, angeblich wegen Krankheit. Sie hat Beziehungen zu einem verheirateten — in Scheidung lebenden — Manne angeknüpft — hofft auf Heirat, ist sehr erregt, will nach X. zu den Geschwistern, „um ruhig zu werden".

Kehrt nach 3 Tagen — stärker erregt — zur B. f. H. zurück, fügt sich nicht deren Anordnungen — gibt dann auf Vorhalt zu, „sie sei ja nur vor sich selbst geflohen". In den wenigen Tagen hat sie wieder an den verschiedensten Stellen Schulden gemacht.

Um sie zur Ruhe zu bringen, sie an weiterem Schuldenmachen und an dem übertriebenen Rauchen (30—40 Zigaretten täglich) zunächst m e c h a n i s c h zu hindern,

15. XII. 1926. Unterbringung in geschlossener F.E.-Anstalt entsprechend ihrer eigenen Einsicht und ihrem Willen.

15. II. 1927. Aktenvermerk der Leiterin der B.f.H.: Es ist nicht gelungen, K. so zur Ruhe und zum inneren Gleichgewicht zu bringen, wie es erwünscht gewesen wäre. Die Tatsache ihres Mündigwerdens kam dazu, um sie erregt werden zu lassen. Sie befürchtete, daß wir uns nun nicht mehr um sie kümmern würden.

Wir versuchten trotzdem, sie in einer Dienststelle unterzubringen. Sie wurde vorzeitig entlassen, weil die Dienstherrschaft über starkes Rauchen, über ihr unbotmäßiges Wesen, über ihr vieles Erzählen und Reden klagte. Andererseits gab uns K's. behandelnder Arzt, den sie wegen einer eiternden Fingerwunde aufsuchen mußte, Auskunft, daß K. es in ihrer Stelle auch nicht leicht habe: in einem kalten und ungemütlichen Zimmer schlafen müsse, in ihrer Arbeit unselbständig gehalten und auf Schritt und Tritt in der Arbeit beaufsichtigt werde.

Die Folge dieses Scheiterns war, daß K. Schuhe und Mantel versetzte, ihre Wäsche bei der Herrschaft ließ, ihre Kleider im Krankenhaus, ohne Kostgeld und Lohn von der Herrschaft schied und in ganz verwirrtem und erregtem Zustand, nicht aus noch ein wissend, auf der B.f.H. erschien. Das an sich peinlich saubere und ordentliche Mädchen kommt mit schmutzigen Nägeln, schmutziger Wäsche, ungewaschen, mit ungepflegten Haaren, zu uns und schämt sich selbst ob dieses Aufzugs. Sie könne nicht weiter, sie ende doch im Gefängnis, es habe alles keinen Sinn mehr, sie könne ja doch nicht allein ihren Weg finden: „weshalb habt ihr mir gezeigt, wie schön es in einer ruhigen Arbeit sein kann (H.E.H. in K.), wenn ich doch weiß, daß es nie wieder so wird. Ich kann nicht vor und kann nicht zurück."

Da wir einsahen, daß wir K. in dieser inneren Wirrnis nicht eine neue Arbeit antreten lassen konnten, nahmen wir sie ins H. E. H. zurück. Sie gab selbst an, uns erst erzählen zu müssen, was sie in diesen letzten Wochen erlebt habe, vorher könne sie nicht wieder mit einer Arbeit anfangen, denn sie finde vorher auch keine innere Ruhe.

Trotz dieses immer erneuten Scheiterns ist zu bemerken, daß K., auch wenn sie äußerlich und innerlich noch so „verwahrlost“ erscheint, keine aktive Verwahrlosung mehr zeigt: Stehlen, Betrügen, Fortlaufen, sondern daß sie immer wieder zu der Stelle zurückkommt, von der sie sich gehalten weiß.

K. steht weiter unter der Schutzaufsicht der B. f. H.

Heinrich E. Geboren 2. April 1904.

Aus der poliklinischen Krankengeschichte. Untersuchung erfolgt auf Veranlassung des zuständigen J.A., das folgenden Bericht einsendet:

„H. ist 1918 aus der Schule entlassen, war Lehrling in einer Werkzeug-Maschinenfabrik, hat sich dort nichts zuschulden kommen lassen, war aber zu Hause unehrlich, hat dem Vater Beträge von 5—20 Mark aus der Brieftasche genommen. Schon während der Schulzeit hat er einer Abmieterin der Mutter Uhr und Kette genommen. Seine Leistungen in der Schule waren stets sehr gut. Betragen ohne Tadel, Schulbesuch regelmäßig.“

1. XI. 19. Mutter referiert: H. ist normal geboren, hat sich als kleines Kind normal entwickelt. In der Schule hat er immer gut gelernt, sehr gute Zeugnisse gehabt, war bei den Lehrern beliebt. Seitdem er 11 Jahre alt ist, macht er Erziehungsschwierigkeiten (hat genascht und gelogen). Er selbst gibt an, er komme auch jetzt sofort in Versuchung, Geld zu nehmen, wenn er welches liegen sehe oder leicht heran könne. So hat er einer Tante 20 M. genommen, die auf dem Tische lagen, dem Vater Geld aus der Brieftasche genommen, wenn der Rock noch auf dem Korridor hing; hat einer Dame, die bei den Eltern wohnte, eine Uhr genommen, „weil er auf einem Spaziergang wissen wollte, wie spät es sei“, zerbrach sie unterwegs und traute sich nicht, es zu sagen. Er behielt die Uhr, und sie wurde in seiner Schulmappe gefunden.

Er ist in seinen Sachen nicht ordentlich, kommt vom Geschäft oft spät nach Hause, bummelt herum, abends ist er immer zu Hause, liest. Körperlich: groß, blaß, blond, errötet leicht, leidet an Schlafstörungen.

Zu Hause ist er ungefällig, leicht reizbar, hilft der Mutter nicht oder ungern, weint leicht, wenn er bestraft wird. War immer still und ernst, „zu weit für sein Alter“, nie vergnügt wie Kinder, hat nicht gespielt, meistens gelesen. Das Gelesene faßt er gut auf. Er sei nicht recht anhänglich, aber mitleidig, im Wesen sehr träge und langsam.

Ostern 1918 aus der Schule entlassen, klagt, er müsse in der Arbeitsstelle immer dieselbe langweilige Arbeit machen, die Arbeit mache ihm gar keine Freude. Der Chef klagt über seine Interesselosigkeit.

Es handelt sich um einen weichen, überempfindlichen Jungen.

5. Juni 1920 erneute Untersuchung in der Nervenpoliklinik.

Angaben dort: H. war $1/_2$ Jahr auf dem Lande durch das J.A. Vor seiner Abreise hat er dem Vater 20 M. aus einem unverschlossenen Schrank genommen.

Nachdem er 4 Wochen bei einem Bauer war, besuchte die Mutter den Jungen auf Wunsch des Arbeitgebers. Der Junge gab an, es sei ihm zu schwer, der Bauer hätte so viel geschimpft. Der Bauer hingegen gibt an, er lüge so viel, er schwindele auch Geschichten ohne Zweck, sei in der Arbeit nicht zu brauchen, unlustig, mürrisch, interesselos, immer vor sich hindösend. Über Diebstähle keine Klagen.

Pfingsten 1920 zu Besuch bei den Eltern, brachte Hühner mit. Die Eltern gaben ihm 50 Mark zur Bezahlung und 50 Mark für Hühnerfutter. Er lieferte die 100 Mark ab, ließ sich am nächsten Tage 50 Mark zum Ankauf von Gerste geben, fuhr dann mit der Eisenbahn bis zur nächsten Stadt nach Pommern, von da weiter nach Mecklenburg, übernachtete dort und gab alles Geld für Bier und Zigaretten aus, fuhr dann nach Berlin.

Hier holte er seine Schwester von der Schule ab, die den Eltern sagen mußte, daß der Bruder vor der Tür sei. Grund des Ausrückens: „er habe die steten Vorhaltungen des Arbeitgebers nicht ausgehalten."

Über die Zwischenzeit bis zur nächstfolgenden Untersuchung geben die Akten der B.f.H., die auf Wunsch der Klinik eine Schutzaufsicht übernahm[1]), folgenden Bericht:

Sommer 1920. Bemühungen der B.f.H., den Jungen in ein Heilerziehungsheim zu bringen. Bis zur Bewilligung der Unterbringungskosten Bemühungen um Arbeitsvermittlung. Es wurde eine ganz besonders gute kaufmännische Lehrstelle gefunden, H. war mit Interesse bei der Arbeit, gab zu Hause zu keinen Klagen Anlaß, so daß von der Heimunterbringung abgesehen werden konnte.

September 1920. Hausbesuch: Es geht alles gut, sein Chef ist zufrieden mit ihm; er macht Überstunden, bereitet der Mutter mit diesem Verdienst irgendeine besondere Überraschung. Er kommt mit seinem Taschengeld gut aus.

7. X. 1920. Brief von Heinrich an B.f.H.: „Mir geht es bis jetzt sehr gut, habe eine mir zusagende Stellung, ich sage Ihnen besten Dank. Manchmal überkommt mich doch die Versuchung, aber dann denke ich an meine Eltern, die so sehr gut zu mir sind. Ich werde Ihnen das nächste Mal wohl nicht viel zu erzählen haben, denn zu wünschen habe ich ja nichts."

Juli 1921. H. ist noch an der gleichen Stelle, hat einen netten Geschäftskollegen gefunden, mit dem er Sonntags Ausflüge macht. H. strebt danach, Buchhalter zu werden.

Dezember 1921. H. auf der gleichen Stelle. Hofft, in der Firma fest angestellt zu werden. Der Chef versteht es „so fein mit uns Jungens". Er ist auch außerdienstlich mit ihm zusammen.

2. IX. 1922. H. ist aus äußeren Gründen mit guten Zeugnissen als „kaufmännischer Angestellter" entlassen nach $2^1/_4$jähriger Arbeit.

25. XI. 22. Poliklinische Untersuchung.

Mutter referiert: War seit Juli 1920 bis September 1922 als Kontorist bei einer Filmgesellschaft beschäftigt und wurde von dort wegen Be-

[1]) Vgl. hierzu Zeitschr. f. Kinderforsch. Bd. 31, H. 1/2, S. 174ff.

triebseinschränkung mit einem guten Zeugnis entlassen. Es sind der Mutter nie Klagen über seine Führung gekommen. Im letzten halben Jahr habe er wieder begonnen, seiner Mutter Ringe und Geld (600 M.) zu entwenden, habe diese Ringe versetzt und das Geld vernascht, er triebe sich seit 8 Tagen wieder auf der Straße herum, gehe morgens ganz früh weg, komme abends um 7 oder 8 Uhr wieder, treibe sich mit Freunden herum und zeche.

Er selbst behauptet, er könne nichts dazu, es käme so über ihn, auch sein Umherstreifen auf der Straße sei durch einen „inneren Trieb“ bedingt, gegen den er vergebens ankämpfe, er erzähle dann Räubergeschichten, wo er immer eine hervorragende Rolle spiele, z. B. daß er auf seiner alten Stelle war und gearbeitet habe.

An B.f.H.: Ein Grund zur Annahme endogener Verstimmungen liegt nicht vor.

Aus den Akten der B.f.H.:

Dezember 1922. Mutter berichtet: H. hat eine Zeit Aushilfsarbeit angenommen, kam vor 8 Tagen ohne Lohn nach Hause: Er sei zu spät von einem Geschäftsausgang heimgekommen und habe den Chef nicht mehr angetroffen. Am folgenden Montag kam er nachts um 12 Uhr nach Hause, legte aber den vollen Wochenlohn auf den Tisch.

Am folgenden Sonnabend das Gleiche. Kam 2 Tage darauf abends spät nach Hause: „mir ist alles Geld gestohlen worden“. Gestand dann der Mutter, daß er bereits seit 14 Tagen entlassen sei, daß er sich Geld geliehen habe, um einmal Lohn nach Hause bringen zu können.

Er hat dann auch zu Hause wieder genommen (Schmucksachen), die Sachen verkauft und hat dafür Näschereien gekauft.

Die häuslichen Verhältnisse haben sich verschlechtert. Der Vater liegt schon seit Wochen arbeitsunfähig zu Hause.

Januar 1923. H. hat neue Arbeit gefunden als kaufmännischer Angestellter.

Oktober 1924: Hausbesuch und kurz darauf folgender Besuch von Mutter und Sohn in der B.f.H. Vater ist gestorben, Mutter plagt sich sehr. H. war bei seiner Firma mit einem „beredten, gewitzten jungen Menschen“ zusammen, mit dem er sich „glänzend“ verstanden hat (dem Vater hat er gleich nicht gefallen). Dieser Freund hat Unterschlagungen in großem Umfange begangen und hat dann im Februar 1924, nachdem H. über 1 Jahr in der Firma beschäftigt war, ihn ebenfalls dazu verleitet, im Februar und März Einschreibebriefe zu unterschlagen und schließlich gemeinsam im Mai Bargeld aus einem Wertbrief zu unterschlagen.

... Kam September 1922 zu einer anderen Firma, zur Reklame- und statistischen Abteilung, wollte sich weiterbilden zum Leiter einer Reklameabteilung od. dgl., besuchte Kurse, verdiente dort erst 70 M., dann 84 M. monatlich als Kontorist, erledigte seine Arbeit zur Zufriedenheit des Chefs.

Eigener Bericht. In dieser Zeit war er häufig mit einem Freund D. zusammen, der häufig Andeutungen fallen ließ, daß H. es sich doch wesentlich leichter machen könnte, wenn er sich etwas von den Papieren aneignete, die bei seiner Firma allen zugänglich offen herumlagen. H. beschäftigte sich damals oft in Gedanken mit solchen Möglichkeiten. Er hatte dabei keine bestimmten Ziele, sondern nur unklare Vorstellungen, daß er sich dann Kleidung u. dgl. kaufen könnte. Über die Folgen dachte er gar nicht nach. Er eignete sich dann im Verlaufe des Februar, März 1924 eine Reihe von Papieren an, einige davon (Wechsel) waren wertlos für ihn, verschiedene andere (3 Briefe) brachten im ganzen etwas über 1000 M. ein. In dieser Zeit fiel es zu Hause auf, daß er mehrfach betrunken nach Hause kam, ungewöhnliche Anschaffungen sind dagegen nicht bemerkt worden. In dieser Zeit sei D. öfters zu ihm gekommen mit der Bitte, ihm mit kleineren und größeren Beträgen auszuhelfen. Mit demselben ging er in eine Bar in der Chausseestr., dort fiel er durch seine großen Ausgaben auf, und sehr bald fanden sich eine Reihe ihm unbekannter junger Leute (5 oder 6) dazu, die ihn baten, etwas zu spendieren, und mit denen er dann das Ganze an mehreren Abenden durchbrachte. — Von diesen Unterschlagungen ist anscheinend anfangs nichts bemerkt worden. Am *1. V. 24* hatte D. einen Brief seiner Firma zur Post zu befördern. Mit diesem Brief kam er zu H. herüber. Die beiden öffneten den Brief, dessen Siegel nachlässig angebracht waren (von D. selbst versiegelt ?), entnahmen ihm 700 M. H. ist nicht mehr ganz klar, ob sie damals wieder etwas anderes hineingesteckt haben. Die Siegel hatten sich nicht völlig gelöst, sie brachten den Brief zur Post, wo er anstandslos angenommen wurde. Die Sache kam heraus. Anscheinend hat D. ihn angegeben. Er gestand vor der Polizei die Sache ein, zugleich auch die Unterschlagungen bei seiner eigenen Firma (es war herausgekommen, daß er in der Bar viel Geld ausgegeben hatte, und er wurde gefragt, woher er die Summe hatte).

Nachtrag des Fürsorgers: Nach der „Geschichte“ selbstquälerisch, soll gar nicht mehr geschlafen haben, körperlich sehr heruntergekommen sein. Lange erfolglos auf Arbeitsuche. Dann bei einem Bekannten in der Radiofabrikation tätig. Mutter hat ihn dann bei sich beschäftigt (sie ist Zuschneiderin für Hausarbeit in der Konfektion). Die Mutter ist sehr zufrieden mit ihm, er ist anstellig, gutwillig, nicht mehr träge, sie setzt Hoffnungen darauf, ihn ganz dort einzuarbeiten. Soll nicht mehr lügen. — Sexuelle Ausschweifungen sind Ref. nicht bekannt. H. gibt an, in der Bar nicht mit Mädchen zusammen gewesen zu sein, während D. eine „Freundin“ dort hatte. — Er sei leicht erregbar, aber dabei weich und gutmütig. Schreie die Mutter sehr an, um dann wieder gutmütig und mitleidig zu sein.

18. II. 1925. Termin. Verurteilung zu mehrmonatlicher Gefängnisstrafe, mit *Strafaussetzung.*

Aus den Akten der B.f.H.:

Nach langer erfolgloser Arbeitssuche bei der Mutter beschäftigt (Zuschneider für Hausarbeit in der Konfektionsbranche). Hier anstellig, gut, willig, interessiert, „er sei im Wesen verträglich, weich und gutmütig“.

H. hat sich äußerlich und im Wesen seit der Zeit, in der er der B.f.H. bekannt ist, stark verändert. Er ist frischer, aufgeschlossen geworden, lebendiger.

Die Schutzaufsicht wird sehr sorgsam und in engster Fühlung mit H. weitergeführt; es ist für H. ganz besonders wichtig, ihn bei seiner Haltlosigkeit weiterhin zu stützen, da die folgende Zeit, einerseits durch pekuniäre Schwierigkeiten (Beschaffung der Gerichtskosten, Verteidigung usw.), andererseits durch häufige Arbeitslosigkeit eine äußere Gefährdung bedeutet.

Sommer 1925 arbeitet er in der Schneiderstube seiner Mutter. Es gibt dabei viel zu tun, und H. erfüllt gut und gern seine Pflicht.

Durch Vermittlung des schutzaufsichtsführenden Helfers hat er sich der Jugendbewegung angeschlossen und ist mit Leib und Seele dabei. Er erreicht sogar vorübergehend eine leitende Stellung in seiner Jugendgruppe und versieht Leitung sowie Kassenführung durchaus tadelsfrei.

Winter 1925 gibt es in der Schneiderstube der Mutter kaum Arbeit. Dazu Schwierigkeiten wegen fälliger Steuern. H. bemüht sich sehr um Arbeit, ist für eine kurze Zeit in einem Geschäft (Radio) tätig, dann nach langer arbeitsloser Pause in einer Bücherstube.

22. IV. 1926. Sprechstunde der B.f.H.:

H. hat sich als freiwilliger Helfer beim J.A. gemeldet, hat dort auch Hausbesuche gemacht. Er hat auch vom J.A. aus seine Kindergruppe, mit der er wandert, spielt und liest. Nun möchte er ganz in die soziale Arbeit und dazu in eine Ausbildung. Es wird ihm nahegelegt, mit der Ausführung dieses Planes noch zu warten.

August 1926. Bericht des Helfers: H. hat sich in den letzten Wochen sehr gehen lassen, wieder arbeitslos. Dennoch half er nicht zu Hause mit der Begründung, durch die Tätigkeit in seiner Jugendgruppe und durch Arbeitssuche keine Zeit zu haben. Tat aber nichts und war im ganzen sehr nachlässig. Eine Freundschaft mit einem jungen Zigarrenhändler kostete ihn sehr viel Zeit. Er erzählte dem Helfer später, daß er stundenlang untätig bei dem Freund im Laden gesessen habe.

Bemerkenswert ist, daß dieses starke Nachlassen in der eigenen Disziplinierung in die Zeit des Urlaubs des schutzaufsichtführenden Helfers fällt. Nach dessen Rückkehr nahm H. sich wieder sehr zusammen. Er arbeitet nun wieder zu Hause und leistet dort Gutes. In Abwesenheit der Mutter führt er selbst den Betrieb, leitet die dort beschäftigten Mädchen an und gibt selbständig die Arbeit aus. Bis Februar 1927 keine Klagen. Schutzaufsicht wird fortgesetzt.

Hertha L. Geboren 21. VII. 1909.

Vater Kunstmaler, tot seit 1916, Mutter 11 Jahre jünger als Vater. Eine ältere Schwester, ein älterer Bruder. Mutter im Jahre 1920 wieder verheiratet, 1923 wieder geschieden. Häuslichkeit in diesen Jahren nach Bericht des zuständigen J.A. unsauber, unordentlich, äußerst ärmlich. Die für die Kinder nacheinander bestellten Vormünder klagen über Schwierigkeiten im Zusammenwirken mit der Mutter, besonders in Beziehung auf H.

Aus den Akten der B.f.H. vor der Aufnahme H.s in der B.St.:

10. IV. 1924. Frau L. bittet in der B. f. H. um Rat wegen ihrer Tochter H. — H. sei schon 4mal fortgelaufen, sie ist zur Zeit auch wieder fort. Meist scheint der Grund Angst zu sein. So hat sie dieses Mal vorher Bankpapiere der Mutter gefälscht und sich das ganze Geld, das die Mutter auf der Bank hatte, abgehoben. —

Das 1. Mal ist sie mit 8 Jahren fortgelaufen, fuhr damals nach Berlin, sprach einen Polizisten an und erzählte ihm lange Geschichten, von denen kein Wort wahr war: ihre Mutter sei gestorben, sie habe jetzt niemand mehr, er solle sie ins Waisenhaus bringen. Dort hat sie angegeben, ihren Namen wüßte sie nicht mehr. Die anderen Male sei sie meist wegen Sachen weggelaufen, die schon längst erledigt gewesen wären. Sie wolle irgendwelches theatralisches Aufsehen erregen. — Geld hat sie früher nie genommen, auch nie „Schmuhgroschen" gemacht. Phantastische Geschichten hat sie immer viel erzählt. Aus der Schule — 2. Klasse — ist sie jetzt herausgenommen. Sie ist beinahe die Schlechteste gewesen, obwohl sie die Beste hätte sein können, „es flöge ihr nur so alles zu". Sie sei geistig kolossal rege, habe aber keine Interessen für ein spezielles Gebiet. Am meisten würde ihr liegen, zum Zirkus zu gehen u. dgl. — Es wird verabredet, daß Frau L. mit H., sobald diese wieder da ist, zur Untersuchung in die Nervenklinik geht. Danach soll über eine eventuelle Heimunterbringung beraten werden.

29. IV. 1924. Frau L. *mit* H. in der Sprechstunde der B.f.H. H. sehr verschüchtert, antwortet nicht auf Fragen, sieht zur Erde. Die Mutter berichtet, H. sei in Stettin gewesen, dort habe sie Hunde verkauft. H. habe durch die letzten Vorgänge „einen großen Schock bekommen", der bis jetzt noch (ca. 3 Wochen danach) vorhielte. „Für die Zukunft werde es wohl genügen, wenn H. sich an einem bestimmten Ort zu einer bestimmten Zeit stellen müsse, damit der Schock erneuert werde."

Aus den Akten des J.G. geht hervor:

Frau L. hat, 3 Tage, nachdem sie auf der B.f.H. war, Strafantrag gegen ihre Tochter H. und die Hehler gestellt[1]), gleichzeitig Antrag auf Überweisung in Zwangserziehung, „da ich nicht in der Lage bin, auf meine Tochter derartig einzuwirken . . ."

H. gibt bei ihrer Vernehmung am 16. IV. ein umfassendes Geständnis: „Es ist wahr, ich habe die Silbergegenstände, Wäsche usw. meiner Mutter entwendet und verkauft, und zwar habe ich folgende Sachen bei dem Händler K. verkauft:

Etwa 1—2 Dutzend silberne Löffel, ein silbernes Messer und eine silberne Gabel im Kasten und den größten Teil der Wäsche. Ich war etwa 5—6 mal bei K. Die ersten beiden Male war Frau Kl. mit. Ich hatte ihr gesagt, daß ich im Auftrage meiner Mutter verkaufen soll, und zwar habe ich, als Frau Kl. dabei war, nur Wäsche verkauft. Als ich das 3. Mal allein zu K. kam, verlangte dieser von mir einen Ausweis. Als ich ihm sagte, ich würde ihm diesen nachher mit heranbringen, kaufte er mir ab, was ich bei mir hatte. Nachdem war ich noch verschiedene Male bei K.; er verlangte wohl immer eine Legitimation, kaufte jedoch immer so, da ich keine solche hatte. — Weiterhin habe ich in Frau Kl.s Beisein noch in 2 Goldwarengeschäften Teelöffel verkauft. Ferner kaufte der Goldhändler B. in Gegenwart von Frau Kl. ein goldenes Armband. Desgleichen kaufte die Goldankaufsstelle das 2. goldene Armband. Auch die goldene Halskette verkaufte ich an einen Goldhändler. Herr Z., etwa 30 Jahre alt, der bei uns im Hause wohnt, begleitete mich. Dieser wies sich dem Käufer gegenüber aus mittels Invalidenkarte. Außerdem behielt er selbst den silbernen Eierbecher mit silbernem Teelöffel und gab mir hierfür 1 Mark. Die silberne Damenuhr und einen Teil Wäsche gab ich bei einem Hundehändler in Pfand. Ich hatte nämlich dort unseren Hund gegen einen anderen vertauscht und sollte noch etwas Bargeld zuzahlen. Die genannte Herrenweckuhr gab ich einem Buchhändler. Diesem schuldete ich noch für 3 Blocks von Abreißkalendern. Bemerken möchte ich noch, daß Frau Kl. für ihre Unterstützung beim Verkauf von mir hin und wieder von dem Erlös einen kleinen Teil aberhielt. Z., dem ich sagte, er möchte mit mir kommen, da ich allein

[1]) Mutter nimmt Strafantrag gegen H. später zurück.

die Sachen nicht los werde, fragte einmal, ob meine Mutter davon wüßte, was ich verneinte, worauf er sagte: „Hoffentlich merkt sie's nicht." Es ist auch wahr, daß ich mir von meinem Vormund 75 Mark geben ließ, die, wie ich vorgab, meine Mutter zum Einkaufen benötige. Es ist weiter wahr, daß ich das Geld für die Aktien meiner Mutter von der D. Bank abgeholt habe. Ich wußte genau, daß meine Mutter die Aktien dort hatte. Um die Wäsche und Silbersachen wieder zurückkaufen zu können, schrieb ich an die genannte, sie möchten die Aktien verkaufen. Den Brief unterzeichnete ich mit dem Namen meiner Mutter. Kurze Zeit darauf kam ein Brief von der Bank, daß genannte Aktien verkauft sind. Unterdessen hatte ich mir auf den Namen meiner Mutter ein Scheckbuch geholt. Nun stellte ich Schecks aus mit der Unterschrift meiner Mutter und holte insgesamt 300—400 Mark ab. Für den Erlös des Geldes habe ich mir Essen gekauft, außerdem Lebensmittel und Kleidungsstücke für meine Geschwister und mich. Außerdem habe ich einen Hund gekauft, da uns unserer entlaufen war durch meine Unachtsamkeit, und da meine Mutter so sehr gern Tiere hat. — Herrn Ko. lernte ich in einem Lokal kennen. Im Laufe des Gesprächs erfuhr ich, daß Herr Ko. einen Hund besitze. Ich erbot mich, denselben für 30 Mark abzukaufen und wollte zu diesem Zweck in seiner Wohnung den Hund besichtigen. Seiner nur allein anwesenden Frau erzählte ich, ich hätte den Hund von ihrem Mann für 30 Mark gekauft, hätte allerdings nur 20 Mark angezahlt. Frau Ko. gab mir den Hund auch mit, nachdem ich versprach, die restlichen 10 Mark heranzubringen. Diesen Hund verkaufte ich bald darauf an einen Restaurateur."

Frau Ko. selbst erklärte: „Die beschuldigte H. L. erschien bei mir am 15. IV. 1924 in meiner Wohnung und erklärte, daß sie in einer Kneipe von meinem Ehemann unseren Schäferhund gekauft habe. 20 Mark habe sie schon meinem Mann gegeben, die restlichen 10 Mark wolle sie mir gleich geben. Da sie sehr gewandt auftrat und mir erklärte, daß der Hund für ihre Tante bestimmt sei, so schenkte ich ihren Worten Glauben und übergab ihr den Hund. Als sie mir die restlichen 10 Mark geben wollte, sagte sie mir, sie habe ihr Geld verloren und wolle die 10 Mark meinem Ehemann geben. 2,50 Mark legte sie mir auf das Fensterbrett, so daß noch 7,50 Mark Rest blieben. Kurz nachdem sie meine Wohnung mit dem Hund verlassen hatte, stellte ich fest, daß sie die 2,50 Mark wieder an sich genommen hatte."

Vermerk: Die Einlieferung der L. erfolgt mit der Bitte, dieselbe, da sie eine ausgesprochene Verbrechernatur im Anfangsstadium ist, einer strengen F.E.A. überweisen zu wollen. Die Mutter ist nicht in der Lage, einen ordentlichen brauchbaren Menschen aus ihrer Tochter zu machen, da dieselbe trotz ihres jugendlichen Alters Betrügereien verübt, welche an die Intelligenz eines internationalen Gauners heranreichen.

Verfügung: Die vorläufige Festnahme der Schülerin H. L. erscheint begründet, da sie der Flucht verdächtig ist. Dieselbe wird wegen Diebstahls und Betrugs dem Amtsgericht zugeführt.

Auf Antrag der Mutter wird H. dieser zurückgegeben.

1. V. 24. Aus der poliklinischen Krankengeschichte: Pseudologische Züge seit dem 8. Jahr. Fuhr damals von H. nach Bln., erzählte, die Mutter sei gestorben, Geschwister habe sie nicht, bat um Aufnahme im Waisenhaus. Später öfters weggelaufen, wenn sie etwas angestellt hatte, und zwar nach Angabe der Mutter oft *nach* der Strafe, weil mit der Strafe nicht genug Theater verbunden war. Einmal soll sie, nachdem in der Schule eine Sache entdeckt war, ins Wasser gegangen sein und wurde von einem Fischer herausgezogen. Die Mutter schickte sie häufig zu einem Freund ihres verstorbenen Mannes, damit er sie bestrafe; dadurch wurde es immer schlimmer.

Bis zur Pubertät nichts mehr vorgekommen. Seit $^1/_2$ Jahr große Schwierigkeiten. Hat Scheckunterschriften gefälscht, das ganze Konto ihrer Mutter von der Bank abgehoben, dort erklärt, die Mutter sei krank, habe sie geschickt. Hat für das Geld eine Geige gekauft, ein Harmonium bestellt, das sie der Mutter schenken wollte. Das ganze Silber, die Wäsche soll sie einer Freundin ihrer Mutter gebracht haben. Ostern 1924 das Zeugnis ihres Bruders gefälscht, um ihm zu ermöglichen, in die höhere Schule zu kommen. Darauf lief sie fort, blieb 4 Tage fort, fuhr mit der Bahn, ließ sich nachts in Häusern einschließen. Nach ihrer Rückkehr hatte die Mutter den Bankschwindel entdeckt, darauf wieder fortgelaufen. Kam von selbst wieder, weil ihr die Mutter angeblich leid tat. Nach dem Bankschwindel sehr bedrückt.

Mutter gibt an, daß sie immer „Rollen“ spiele, jetzt die der „guten Tochter“. Sehr anhänglich an die Mutter, weich, macht gern Geschenke, auch mit Geld, das sie borgt. Ist ganz hemmungslos, sehr lebhaft, phantasiereich. Spielte am liebsten als Kind Theater. Sehr musikalisch, zeichnet gern, sehr geschickt in Handarbeiten, hat dabei viel Ausdauer, ist aber unzuverlässig, wenn sie zur Arbeit gezwungen wird. Interessiert sich für alles, ihr Interesse wechselt jedoch auffällig periodenweise. Liebt die Natur, hat Tiere gern, in Tierpflege gewissenhaft. — Sehr gewandt im Auftreten, macht treuherzigen Eindruck. Weint nicht leicht, zieht sich bei Strafe ganz in sich zurück. Bekommt dabei angeblich bösartigen Gesichtsausdruck, „sei wie ein Panther, der andern an die Kehle springen wolle“. Sehr jähzornig, rast vor Wut, wenn ein anderes Kind ein Tier quält, springt auf es los, auch wenn es viel größer und stärker als sie selbst ist, verprügelt es. Nicht beliebt bei Kindern, die immer sagen, sie sei anders als sie. Nicht verträglich. Lernt leicht, oberflächlich, zu lebhaft in den Stunden. Unordentlich, nicht sehr reinlich an ihrem Körper.

Intelligenzprüfung: gut. Sehr schwer, mit dem Kind in Kontakt zu kommen. Sehr mißtrauisch, spricht nur das Nötigste, nur lebhafter, als sie auf ihre Musikliebe zu sprechen kommt.

Vater war Künstler, sprunghaft. Beide Eltern scheinen manisch-depressive Züge zu zeigen.

Zusammenfassung: Intellektuell gut, viel empfindliche Züge, hemmungsschwach.

24. V. 1924. Aufnahme H.s auf der B.St.

Anfang Juli 1924. Hauptverhandlung.

Antrag des Staatsanwalts: Gesamtstrafe von 1 Monat Gefängnis. Unterbringung in F.E.

Beschluß: Vertagung: Psychiatrisches Gutachten soll eingeholt werden, um festzustellen, ob die Voraussetzungen des § 3 J.G.G. vorliegen.

Aus dem ärztlichen Gutachten:

Die Mutter machte folgende Angaben: der Vater sei Kunstmaler gewesen, sei vor 8 Jahren gestorben. Er habe Perioden gehabt, in denen er künstlerisch sehr viel geleistet habe, die mit Perioden wechselten, in denen die Arbeit dann ruhte.

Hertha habe in der Schule leicht gelernt, sei aber oberflächlich, in den Stunden lebhaft. Ihre Devise sei „Ganz oder gar nicht". In mancher Beziehung sei sie überempfindlich, so gegen Geräusche, auch gegen Hautreize (kaltes Wasser, Wolle). Nicht mäklig, aber sehr eklig im Essen. Unordentlich, nicht reinlich am Körper. Schlafe zeitweise unruhig, jetzt gut. Bis vor $1^1/_4$ Jahren eingenäßt, jetzt nicht mehr.

Bei der Aufnahme in die Klinik verhält sich H. zunächst ablehnend, schließt sich dann aber sehr bald an die Erzieherin an. Sie zeigt eine gute Beobachtungsfähigkeit, gute Kritik der Umgebung gegenüber, läßt sich aber stark von Sympathien und Antipathien beeinflussen. Sie hat ein starkes Anlehnungsbedürfnis, muß immer einen Menschen haben, ist zärtlich. — In ihrem Wesen zeigt sie teilweise etwas Frühreifes, dann aber wieder etwas ausgesprochen Kindliches, spielt und tollt mit den anderen herum, klettert über Zäune, ringt mit den anderen. Sie ist neugierig. Bei ihren Erzählungen schneidet sie oft auf. Besorgungen, auch mit Geld, erledigt sie richtig, bringt Geld richtig wieder. Beim Streit mit anderen Kindern, in den sie leicht gerät, wird sie heftig und kommt in starken Affekt. Sie ist empfindlich, nimmt leicht übel, versteht keinen Spaß, neckt dagegen selbst gern. Auch körperlich zeigt sie die Züge von Empfindlichkeit. Wolle kratzt, Nägelschneiden ist unangenehm, ebenso üble Gerüche.

Am 24. VI. 24 ist sie von der Abteilung nach Hause gelaufen; sie gab als Grund an, daß sie Sehnsucht nach der Mutter gehabt habe; es ist wahrscheinlich, daß die Neugierde, die neue Wohnung der Mutter zu sehen, sie dazu veranlaßt hat.

Die Gerichtsverhandlung im Juli 24 machte einen starken Eindruck auf sie. Sie sprach keinen Ton, sah immerzu vor sich hinbrütend ins Weite. Am nächsten Tage aber tollte und sprang sie in unveränderter Weise mit den Kindern umher. In der darauffolgenden Zeit äußerte sie jedoch, daß sie über ihre Zukunft ernster nachdenke und sich Sorgen mache über die unterbrochene Schulbildung. Sie äußert den Plan, „Erzieherin" zu werden.

Im Laufe der Beobachtungszeit interessiert sie sich lebhafter für alles, liest mehr, macht von sich aus Handarbeiten, fragt und unterhält sich gern, um sich belehren zu lassen. Im ganzen wird sie in ihrem Wesen etwas gleichmäßiger und geordneter; Unredlichkeiten sind während der ganzen Zeit nicht vorgekommen, obgleich die Möglichkeiten dazu durchaus vorlagen.

Zusammenfassung: H. L. zeigt ein ausgesprochen psychopathisches Bild. Im Vordergrunde steht bei ihr die gesteigerte psychische Lebhaftigkeit verbunden mit einer starken Sprunghaftigkeit. Charakteristisch ist für sie die Intensität, mit der sie sich auf etwas stürzt, und die mangelnde Ausdauer, die sie dabei zeigt. Sie besitzt eine gesteigerte Phantasietätigkeit, die sie veranlaßt, sich in besondere Situationen hineinzudenken und auch in ihrem Handeln Konsequenzen daraus zu ziehen. Daneben ist sie gutmütig, anhänglich.

In ihrem Wesen ist — wie bei solchen Psychopathen nicht selten — ein Gemisch von Frühreife und Kindlichkeit nicht zu verkennen. Hervorstechend ist auch bei ihr — was bei solchen Psychopathen nicht ungewöhnlich ist — die Tendenz, eine Rolle zu spielen, und besonders charakteristisch, daß sie das entwendete Geld dazu benutzt hat, ihren Angehörigen Geschenke zu machen.

Was die Delikte anbelangt, so kann es keinem Zweifel unterliegen, daß die geschilderten abnormen Züge dabei eine erhebliche Rolle gespielt haben. Die gesteigerte Phantasietätigkeit verbunden mit einem abnormen Sensationsbedürfnis, ferner die abnorme Hemmungslosigkeit dürften dabei die Hauptrolle gespielt haben. Aus diesem Grunde möchten wir meinen, daß die Voraussetzungen des § 3 insofern gegeben sind, als H. in Anbetracht ihrer psychopathischen Züge und in Anbetracht des Entwicklungsstadiums, in dem sie sich jetzt befindet, nicht in der Lage gewesen ist, ihren Willen der intellektuellen Einsicht gemäß, die bei ihr zweifellos vorgelegen hat, zu bestimmen. Erziehungsmaßnahmen erscheinen bei ihr durchaus geboten, doch ist es notwendig, daß sie eine ihrer psychopathischen Eigenart entsprechende Erziehung erhält, und es muß als besonders wünschenswert bezeichnet werden, daß der Erziehungsweg, der jetzt in der Kinderabteilung der psychiatrischen Klinik eingeschlagen worden ist und der sich bis jetzt bewährt hat, in gleichmäßiger Weise fortgesetzt wird. Am zweckmäßigsten erscheint eine Erziehung in einer Anstalt, die auf die Erziehung psychopathischer Kinder eingestellt ist, und die unter ärztlicher Beratung steht.

Beschluß 29. X. 1924: Das Strafverfahren gegen H. L. wird auf Grund des § 32 Abs. 2 J.G.G. eingestellt.

Aus dem Erziehungsbericht der pädagogischen Leiterin der Beobachtungsstation: „. . . H. wird von ihrer Mutter und dem städtischen Fürsorger gebracht. Sie ist zuerst ganz ablehnend, gibt auf Fragen nur vereinzelt Antwort. Der Mutter und dem Fürsorger hat sie gesagt, sie rücke hier doch aus.

Sie gibt sich Mühe, sich zu beherrschen, zunächst aber nur sehr mittelbar, weil es der von ihr umschwärmte Mensch wünscht, nicht aus innerer Einsicht. Es fällt mir bei ihr überhaupt im Vergleich zu anderen Kindern die mangelnde Einsicht und die große Oberflächlichkeit bei der Behandlung ihrer Schwächen auf. Sie ist das Kind, das aus sich heraus am wenigsten an sich arbeitet, was besonders auffällig ist, weil sie den höchsten Maßstab und die schärfste Kritik an alle anderen anlegt, kritisch streng in allem Höchstleistungen von ihnen fordert. Wenn man sie auf ihre Schwächen und die geringen Anforderungen, die sie an sich stellt, hinweist, senkt sie den Kopf und meint, daß dies etwas anderes sei. Sie gebe sich doch solche Mühe. — Sie klagt häufig über Kopfschmerzen, schläft zeitweise sehr unruhig, wirft sich viel im Schlaf herum, spricht im Schlaf. Sie onaniert, auch nachts. —

Die Erziehungsarbeit an ihr ist sehr mühsam und gelingt zur Zeit nur durch ganz persönliches Eingehen auf sie durch eine Person, die sie gern hat und der sie die Bereitschaft, Erziehung anzunehmen, aus Sympathie entgegenbringt. Sie ist kein Kind, das sich von sich aus am Ton des Heims selbst erzieht, sie läuft sich auch nicht durch unangenehme Erfahrungen die Hörner ab, sondern sie braucht den Menschen, der sie direkt fördert.

Sie freut sich, wenn die anderen Streit haben, gescholten werden; schwärzt die anderen mit dem Tonfall der empörten Älteren an, hat stark die Tendenz des Pharisäers, sie schürt und putscht die anderen je nach der Lage der Dinge unter sich auf oder gegen die Erwachsenen. — In ihren Aussagen ist sie nicht zuverlässig, sie versteht es, die Worte zu drehen, daß sie einen anderen Sinn geben und sucht sich so manchen Vorteil zu verschaffen. Spitzfindigkeiten finden sich fast täglich. So ist sie nie ganz ehrlich, auch nicht gegen sich selbst. Sie spielt auch eine Autorität gegen die andere aus. Je länger H. hier ist, desto deutlicher zeigt sich die von der Mutter angegebene Tendenz, „eine Rolle spielen zu wollen". Sie stellt sich auf die einzelnen Menschen und Situationen verschieden ein. Spielt die geknickte reumütige Sünderin, die im Leben nichts taugt, besser tot wäre, spielt mit Selbstmordgedanken oder die Mißverstandene, bei Besichtigungen das „vernünftige große, höflich zuvorkommende, die anderen günstig beeinflussende Mädchen" (hört diesbezügliche lobende Kritik des besuchenden Arztes, was sie für künftige Fälle beobachtet).

Zu den Weihnachtstagen ist H. nach Hause zur Mutter beurlaubt. Über diese Urlaubszeit berichtet die Mutter, daß H. in Geldsachen wieder nicht korrekt gewesen sei. Sie ließ sich von ihr 30 Pfennig für eine Weihnachtsgabe geben, deren tatsächlicher Wert höher war, den Rest ließ sie sich von der Schwester geben, wollte der Mutter aber weismachen, daß der Wert 30 Pfennig sei. Nach langem Leugnen soll sie dann den wahren Sachverhalt zugegeben haben. Der Bericht der Mutter war H. sehr unangenehm, sie reagierte wie in allen unangenehmen Situationen mit einem Drüberwegmachen, war patzig, ungehorsam und döste herum, zu keiner Arbeit richtig zu gebrauchen. Es fand sich am selben Tage im Nachttischkasten ein 50-Pfennig-Stück. Über die Herkunft befragt, schrickt sie heftig zusammen, wechselt die Farbe, sagt, ohne Referent anzusehen, sie hätte es von der Schwester. Diese will nichts davon wissen, wird H. gegenübergestellt und durch H.s Art ganz unsicher gemacht. H. sagt ihr mit dem ruhigsten Gesicht Tag und Stunde, an dem sie es erhalten haben will, so daß es schwer ist, da klar zu sehen. Als man zweifelt, wird sie heftig, will von niemand etwas wissen, spielt die gekränkte Unschuld. Es ist ihr im Augenblick schwer beizukommen. Es wird ihr gesagt, daß man ihr nur bedingt glauben könne und darauf hingewiesen, daß sie gegen sich selbst ehrlich sein müsse. 14 Tage nach diesem Vorfall bringt H. einen zerschnittenen Kissenbezug, den sie unter dem Kopfkissen eines anderen Kindes gefunden haben will, entrüstet an. Die Sache wird untersucht, zunächst in den Puppenflicken des Mädchens gesucht. H. folgt dem allen mit ängstlich erregten Blicken, wird kreidebleich, dann rot, — als ihre Sachen durchgesehen werden, wird sie patzig, doch mit Zittern meint sie, „du denkst wohl, ich hab's getan“. Sie ist zerstreut, unruhig, zu keiner Arbeit oder Spiel zu bekommen, umgeht mich, will immer etwas sagen und kann doch nicht. — H. sucht eine Unterredung, die sie mit großer Patzigkeit, hintenübergeworfenem Kopf führt und die Rede auf den zerschnittenen Bezug bringt und meint, es käme nun so, daß sie die Schuld bekäme! Ich nehme sie mir allein, befrage sie nach dem Grund ihrer Veränderung. Sie legt weinend den Kopf an meine Schulter, gibt aber keine direkte Antwort und nach wiederholten Fragen gibt sie zu, den Kissenbezug zerschnitten zu haben. — Bei der Gelegenheit frage ich sie noch einmal nach den 50 Pfennigen, und sie versucht mit demselben unruhigen Gesicht, ihre Aussage aufrechtzuerhalten, gibt aber schließlich doch zu, die 50 Pfennig wohl von der Schwester zu haben, aber nicht diese habe sie ihr gegeben, sie habe sie genommen. (Aus der Geldtasche.)

Es ist H. jetzt, als wäre alles über ihr zusammengebrochen. So sind alle diese Sachen aus dem alten Jahr jetzt zu Beginn des neuen (Beobachtungsstation Januar 1925) ans Tageslicht gekommen. Sie ist sehr bedrückt, und es hat den Anschein, als beschäftige sie dies doch mehr. Sie gibt sich jetzt bedeutend mehr Mühe, allen Anordnungen zu genügen, in ihren persönlichen Wünschen bescheidener, im Verkehr mit den Erwachsenen, besonders in ihren Liebkosungen den Erwachsenen gegenüber zurückhaltender. Im persönlichen Umgang mit Ref. ist sie jetzt ganz weich, bemüht, ehrlich zu sein, und nachdenkend. Im täglichen Leben macht sie jetzt dauernd Schnitzer, während ihr früher alles gelang; sie macht aber darüber hinweg, und ihr Gesicht, das seinen Ausdruck je nach Stimmung immer ändert und kraß zeigt, erscheint oft impertinent.

10. I. 25. H. beschäftigt sich jetzt sehr mit dem Gedanken ihrer Entlassung. Sie möchte gern noch hier bleiben, bittet, ihr dies zu ermöglichen. Ich habe jetzt den Eindruck, als beginne sie zum erstenmal richtig an sich zu arbeiten, wirklich über sich nachzudenken.

Sie ist ängstlich im Dunkeln und bei Gewitter, sehr empfindlich gegen schlechte Gerüche, beim Nägelschneiden, eklig im Essen, wehleidig bei kleinen Verletzungen. — Nicht ängstlich im Gedränge der Straße, dabei tollkühn vor Hunden — zu denen sie ein besonderes Verhältnis hat — nimmt es bei Prügeleien mit dem größten Jungen auf, haut blindlings drauflos, stößt mit Füßen; sie hat sogar Freude an solchen Ringkämpfen. — Sie schläft unruhig, wirft sich viel im Schlaf herum, fällt aus dem Bett, spricht im Schlaf, träumt phantastisch, onaniert. Im Umgang mit Menschen sehr empfindlich, legt jedes Wort auf die Goldwage, sehr reizbar, sehr übelnehmerisch. Gegen andere rücksichtslos, oft grob, sehr neugierig und indiskret. Sie fragt jedes Kind aufs äußerste aus nach seinem Vorleben, seinen Eltern, dem Grund seines Hierseins, ohne das geringste von sich dazu zu geben. Die gewonnenen Eindrücke verwertet sie oft taktlos. Die Kinder müssen ihr folgen. Sie stellt sie an, um ihr nachzuräumen. — In der Wahl ihrer Lektüre ist sie kritisch, lehnt seichte Romane und Backfischliteratur ab, wählt C. F. Meyer, Ebers, liest gern Geschichtliches und Belehrendes. Sie hat viel Gefühl für Ästhetik, ist empfindlich gegen Häßliches. Sie versucht, die ihr gegebenen sehr dürftigen Kleider zu verschönen, geht da manchmal nicht ganz korrekt vor, indem sie ein Stück zerschneidet, um die Spitzen fürs andere zu haben. Eine Stopfe bestickt sie mit Blumen.

Die Hauptschwierigkeiten im Gemeinschaftsleben kommen wohl durch ihre Eigenliebe, die sie in jeder Weise befriedigen will. Selbst bei ihrer Liebe zu den Menschen, die ihr nahestehen, kann sie keine Opfer bringen, nur fordern.

24. I. 25. Unterbringung im H.E.H. Gleichzeitg Wiedereinschulung in der Gemeindeschule in W.

Ärztliches Gutachten: Es muß als besonders wünschenswert bezeichnet werden, daß der Erziehungsweg, der jetzt in der Kinderabteilung der Psychiatrischen Klinik eingeschlagen worden ist und der sich bis jetzt bewährt hat, in gleichmäßiger Weise fortgesetzt wird. Wir schlagen dafür das H.E.H. in W. vor, das auch unter psychiatrischer Beratung steht.

Leiterin der Beobachtungsstation behält die Verbindung mit H. und ihrer Mutter.

Aus den Akten der B.f.H.:

H.s Schwierigkeiten während ihres Heimaufenthaltes liegen in derselben Richtung wie in der der B.St. H.s Bedürfnis nach direkter Führung bleibt bestehen, sie arbeitet nicht spontan an sich, sondern „für den Erwachsenen“, ist sehr egozentrisch. Unredlichkeiten sind nicht vorgekommen.

Juni 1925. Heilpädagogischer Erholungsaufenthalt in Süddeutschland.

Juli 1925. Unterbringung H.s in größerem H.E.H. zur Übernahme selbständiger Pflichten, um zu lernen, sich einem größeren Kreis unauffällig einzuordnen und so die Rückkehr ins normale Leben vorzubereiten.

Ende Juli 1925. Auf Wunsch der Mutter, die H. für ausreichend gefestigt hält, nach Hause entlassen.

27. I. 1926. Bericht des zuständigen J.A.:

Klagen über H. sind in der Zwischenzeit nicht laut geworden. H. ist seit einiger Zeit bei dem Syndikus G. als Schreibhilfe tätig.

27. VI. 1926. Hausbesuch der Leiterin der B.St.:

Frau L. kam gerade mit ihren Kindern von Besorgungen. Sie sahen mich nicht, und ich konnte sie vergnügt und einträchtig zusammen sehen. Ich wurde zum Kaffee eingeladen. Frau L. erzählte mir, H. habe noch Stenographie und Schreibmaschine bei ihr gelernt und sei seit November 1925 als einzige Bureauhilfe in einer Stellung. Sie besorgt die Kartothek, Buchführung, Stenographie und Schreibmaschine. Ihr Chef hat ihr (da er sich einer lebensgefährlichen Operation unterziehen mußte), ein vorzeitiges Zeugnis ausgestellt, was sie mir zeigte, in dem er H.s Leistungen und Führung lobt. Frau L. behauptet, daß weder zu Hause noch in der Arbeitsstelle das geringste vorgekommen sei und H. leicht zu lenken sei. Frau L. macht einen bedeutend ruhigeren Eindruck als früher. Im ganzen schien das Gleichgewicht in der Familie wiederhergestellt. Auch wirtschaftlich geht es besser. — H. ist Ostern eingesegnet. Sie ist gewachsen, sah frisch und froh aus.

Erholungsfürsorge für psychopathische Kinder und Jugendliche.

Von

Ruth v. der Leyen-Berlin.

Das Thema: Erholungsfürsorge im Rahmen der Heilpädagogik, wie ich es in Abänderung des Titels: „Erholungsfürsorge für psychopathische Kinder und Jugendliche“ nennen möchte, steht in engem Zusammenhange mit dem von Prof. *Homburger* behandelten Thema: Fürsorge für psychopathische Kinder und Jugendliche aus dem gebildeten Mittelstand. Denn gerade für die Kinder aus dem Mittelstand bildet ein unter heilpädagogischen Gesichtspunkten durchgeführter Erholungsaufenthalt oft die Grundlage für heilpädagogisches Eingreifen, heilpädagogische Beratung und Betreuung.

Diese Vorbemerkung könnte Anlaß zu einem Mißverständnis sein: als ob die besondere Erholungsfürsorge für psychopathische Kinder nicht geschaffen sei, um einem tatsächlichen Bedürfnis zu entsprechen, sondern als ob sie nur Mittel zum Zweck wäre. Dies entspricht nicht den Tatsachen.

Es liegt mir deswegen ob, zu zeigen, daß die Fürsorge für erholungsbedürftige *normale* Kinder auf die Notwendigkeit, Erholungsstätten für *psychopathische* Kinder zu schaffen, hinweist. Und zwar führten Erfahrungen von 2 Seiten dazu, psychopathische *erholungsbedürftige* Kinder in heilpädagogisch geleiteten Sonderheimen unterzubringen.

Wir gehen aus von den Aufnahmeleitsätzen der großen Entsendestellen der Erholungsheime für normale Kinder und finden hier die Bestimmung, daß *schwer erziehbare, verwahrloste, geistig abnorme* Kinder, *Bettnässer*, keine Aufnahme finden sollen.

Diese grundsätzliche Einstellung der Entsendestellen entspricht einer weiteren Erfahrung, die wir während der Inflationszeit machten. Wenn wir in einzelnen Fällen bei der Schule beantragten, man möchte ein körperlich elendes, motorisch unruhiges, zappeliges oder auch überlebhaftes Kind bei der Schul-Sommerverschickung berücksichtigen, so wurde die Verschickung in mehreren Fällen abgelehnt, weil das Kind auf Grund seiner schlechten Betragensnote, die Verschickung „nicht verdient" habe.

Zu diesen Tatsachen hinzu kommen die Klagen der „Normalerholungsheime", wenn sich — trotz der Leitsätze — unter den Kindern solche befanden, die gröbere Erziehungsschwierigkeiten machten. Entweder wurden die Kinder, — zum Teil übrigens ohne Begleitung —, nach Hause geschickt, oder aber sie wurden behalten, zur Qual der Erzieherin, vielleicht zum Schaden der anderen Kinder. Sicherlich wurde aber der erstrebte Erholungserfolg bei diesen Kindern nicht erreicht. Daß die durch die Leitsätze ausgeschlossenen Kinder auch einer Erholungsverschickung bedürfen, wird niemand bestreiten wollen, besonders, wenn wir uns den engen Zusammenhang zwischen körperlichem Befinden und Erziehungsschwierigkeiten vor Augen führen.

So entsteht ganz selbstverständlich die Frage: Wohin sollen diese Kinder verschickt werden?

Dem *Deutschen Verein zur Fürsorge für jugendliche Psychopathen* stellte sich das Problem von der anderen Seite dar: Auf Anraten des Arztes versuchen wir seit vielen Jahren einer Reihe der von uns betreuten psychopathischen Kinder und Jugendlichen einen Erholungsaufenthalt zu vermitteln aus der Erfahrung, daß sich die Erziehungsschwierigkeiten psychopathischer Kinder durch körperliche Erholung erheblich vermindern, und daß sie sich nach der Erholung den Erziehungseinflüssen gegenüber auf Monate hinaus zugänglicher zeigen.

Bei diesen Erfahrungen stütze ich mich auf folgendes Material: Ich habe 156 Akten von solchen Kindern durchgearbeitet, denen durch die *Beratungsstelle für Heilerziehung* ein Spezialerholungsaufenthalt vermittelt wurde. Da wir in die Heilerziehungsheime des Vereins[1]) Kinder

[1]) Vgl. Zeitschr. f. Kinderforsch. Bd. 32, H. 4, S. 448ff.

teils aus Gründen der Erziehung, teils aus Gründen der Erholung schicken, habe ich aus den Akten der in die Heime verschickten Kinder die ausgewählt, für deren Heimaufenthalt der Gesichtspunkt der *Erholung* im Vordergrund stand. — In statistischer Beziehung will ich kurz berichten:

1. über die Zahl der Kinder,
2. über das Alter der Kinder,
3. über die Zahl der Verschickungen (eine Anzahl der Kinder wurde zwei- und mehrfach verschickt),
4. über die Diagnosen,
5. über den Kostenträger,
6. über die Gründe der Verschickung,
7. über die Verschickungsdauer und
8. über die Dauer der weiteren heilpädagogischen Betreuung der einmal verschickten Kinder.

Das was statistisch *nicht* zu erfassen ist, ist der Erholungs*erfolg*. Soweit sich die Erholungsbedürftigkeit bei den Kindern in körperlichen Symptomen äußerte: schlechtem Schlaf, mangelndem Appetit, motorischer Unruhe, kann ich bei gewissenhafter Prüfung berichten, daß die meisten Kinder den gewünschten Erfolg des Aufenthaltes gefunden haben.

Soweit es sich aber um die typischen Äußerungen der psychopathischen Konstitution des Kindes handelt, kann von keinem Erholungserfolg im üblichen Sinne gesprochen werden, sondern nur von einer Beeinflussung der psychopathischen Reaktionen im günstigen Sinne.

1. Zahl der Kinder:

Es wurden verschickt vom Sommer 1920 bis Juli 1926 = 156 Kinder.

2. Die Zahl der Verschickungen

betrug in der gleichen Zeit 201, d. h. in einigen Fällen fanden mehrfache Verschickungen statt.

Es erfolgten Verschickungen im Jahre:

1920	3
1921	23
1922	37
1923	34
1924	22[1]
1925	53
1926	29
zusammen	201

und 18 Kinder, die bis zum 15. IX. in das Ostsee-Erholungsheim *Niehagen* geschickt wurden, die aber bei diesem Vortrag nicht mitgezählt wurden, weil von einem Erfolg noch nicht berichtet werden kann.

[1]) Der Rückgang im Jahre 1924 ist auf die Geldkrise zurückzuführen.

3. Alter der Kinder:

Die Kinder waren im wesentlichen schulpflichtig, 5 vorschulpflichtige, 15 schulentlassene.

4. Diagnosen:

Es handelte sich im wesentlichen um die Verschickung psychopathischer Kinder. Unter den Kindern, die in den Jahren 1924—1926 verschickt wurden, waren 4 mit einer Epilepsie, bei denen sich ganz selten Anfälle zeigten, 5 Kinder mit postencephalitischen Störungen.

5. Kostenträger:

1. Eltern allein	65 mal	
„ und Beratungsstelle für Heilerziehung (B.f.H.)	8 „	
„ „ Wohlfahrtsamt	16 „	
„ „ Krankenkasse	7 „	
zusammen	96 mal	von 201
2. Wohlfahrtsämter, Jugendämter, Kriegshinterbliebenenfürsorge allein	76 mal	
mit Eltern oder B.f.H.	28 „	
zusammen	104 mal	
3. Krankenkasse (seit Sommer 1925) allein	9 mal	
mit Eltern bzw. Amt	7 „	
zusammen	16 mal	

Es wurden also in den Jahren 1925 und 1926 82 Kinder auf Erholung verschickt, von denen für 16 die Kosten (allein oder mit Eltern bzw. Amt) durch die Krankenkasse getragen wurden.

6. Gründe der Verschickung:

Körperliche Erholung des psychopathischen (neuropathischen) Kindes	74 mal
Körperliche Erholung und Erziehungsschwierigkeiten	52 „
Erholung vor Eintritt in den Beruf	14 „
Der Wunsch nach Verbindung, Kennenlernen, Beobachten zum Zweck weiterer heilpädagogischer Betreuung	8 „

Von den verschickten Kindern waren aus dem Mittelstand (klein und gehoben) von 156 Kindern 46.

7. Verschickungsdauer:

Die Verschickungsdauer schwankt zwischen 2 Wochen (5 mal: Urlaub solcher Kinder, die schon längere Zeit durch die Beratungsstelle für Heilerziehung betreut wurden und die Oktober-, Oster- oder Weihnachtsferien bei uns verbrachten) und 11 Monaten (1 mal: es handelte sich um einen Tbc.-gefährdeten, äußerst zarten Jungen, der vor Eintritt in den Beruf nicht in die gesundheitlich gefährdende Häuslichkeit zurück sollte.) Die häufigste Verschickungsdauer war:

6 Wochen	. . . .	57 mal
7 „	. . . .	17 „
8 „	. . . .	39 „
3 Monate	. . . .	29 „
	zusammen	142 mal

8. Von den verschickten Kindern befanden sich bis zum Jahre 1926 *in unserer Betreuung bzw. Beobachtung:*

seit 1919	. . . .	9 Kinder
„ 1920	. . . .	12 „
„ 1921	. . . .	15 „
„ 1922	. . . .	19 „
„ 1923	. . . .	22 „
„ 1924	. . . .	24 „
„ 1925	. . . .	34 „
„ 1926	. . . .	6 „

Es wurden 14 Kinder verschickt, ohne daß sie überhaupt von uns weiter betreut oder beobachtet wurden. Die meisten Kinder wurden im gleichen oder folgenden Jahre von der Betreuungsübernahme an verschickt: im gleichen Jahre 75, nach 1 Jahr 60, nach 2 Jahren (während des 2. Jahres) 30. Bei diesen letzten Fällen trug die Schwierigkeit der Mittelbeschaffung Schuld an der langen Verzögerung der Verschickung.

Wichtig ist mir noch, Ihnen in diesem Zusammenhange zu berichten, daß uns seit dem Dezember 1924 mehrfach psychopathische Kinder von den *Tuberkulose-Fürsorgestellen der Landesversicherung* überwiesen werden. Es waren in dieser Zeit (Dezember 1924 bis 31. VIII. 1926) 20 Kinder. Unter diesen Kindern waren 12 psychopathische, 8 Kinder mit Debilität, Anfällen, Epilepsie, Sprachstörungen. Unter den 12 psychopathischen Kindern waren 9 mit Zügen von pathologisch gesteigerter Empfindsamkeit. Bei den meisten Kindern handelte es sich um eine Tuberkulosegefährdung (Geschwister, Eltern), bei einigen wenigen um solche, die neben der Tuberkulosegefährdung selbst zu Bronchitis, Halsdrüsenschwellungen usw. neigten. Leider konnte die Landesversicherungsanstalt Berlin bisher noch keinen Kostenzuschuß zu der Verschickung tbc.-gefährdeter oder -bedrohter psychopathischer Kinder in ein heilpädagogisch geleitetes Erholungsheim leisten.

Zum besseren Verständnis der folgenden Ausführungen will ich Ihnen nun noch kurz die *Praxis der heilpädagogischen Beratungsstelle in bezug auf die Erholungsverschickung* seit dem Jahre 1920 schildern.

Im Jahre 1920 verschickten wir *einzelne* unserer psychopathischen Kinder in ein *normales Erholungsheim*, dessen *Leiterin heilpädagogisch nicht vorgebildet* war. Für eines dieser Kinder (1 Mädchen) interessierte die Leiterin sich ganz persönlich. Aus dem ursprünglichen Erholungsaufenthalt wurde ein Daueraufenthalt, währenddem die Leiterin „nichts psychopathisches" an dem Kinde mehr finden konnte. Später stellten sich wieder Schwierigkeiten ein. Ein anderes Kind, ein äußerst lebhafter Junge, wurde aus diesem Heim herausgeworfen, weil er ohne jede boshafte Absicht ein anderes Kind auf die Heizung gesetzt hatte, so daß es sich furchtbar verbrannte. Ein drittes, äußerst empfindsames Kind litt unter dem lauten und großen Betriebe, in dem es keine Möglichkeit der Absonderung gab, und reagierte mit groben Erziehungsschwierigkeiten: Einnässen, Einkoten, Zerschneiden von Kleidern und Tischdecken.

1921 verschickten wir 20 *Kinder nach* der Hauptkurzeit in einen Erholungsaufenthalt zu einer *nicht vorgebildeten Schwester* für die Dauer von 6 Wochen. Vorher wurde über die einzelnen Kinder mit ihr gesprochen, ebenso war die pädagogische Referentin der B.f.H. während dieser 6 Wochen mehrmals draußen, um sich nach den Kindern umzusehen. Wir schickten dort keine besonders überempfindlichen Kinder hin, suchten mehr lebhafte aus, um ihnen Gelegenheit zum Austoben zu geben. In dem zusammenfassenden Bericht heißt es: „Die Schwester war verzweifelt; die Kinder regten sich gegenseitig auf, warfen sich von den Liegestühlen, machten Fensterscheiben kaput, zerrissen Kleidung und Strümpfe." Die Kinder genossen die Freiheit, wurden körperlich zwar erholt, aber pädagogisch nicht gefördert entlassen.

Durch diese beiden Erfahrungen kamen wir zu dem Entschluß, die Kinder unter heilpädagogisch vorgebildeter Leitung zur Erholung zu verschicken. Wir begannen damit 1922 und schickten 29 Kinder mit 2 vorgebildeten Helferinnen (ohne Wirtschaftsbetrieb) für 3 Monate nach Oberschlesien in ein bestehendes Erholungsheim. Material: Ein Gemisch von lebhaften und empfindsamen Kindern, die in den Altersstufen einigermaßen zusammenpaßten. Im gleichen Jahre schickten wir für 4 weitere Wochen 10 (andere) Kinder gleichen Materials mit einer Erzieherin nach Oberschlesien.

1923 verlebten 15 Kinder mit 2 Erzieherinnen wieder ohne Wirtschaftsbetrieb am gleichen Ort (Oberschlesien) eine Kurperiode von 3 Monaten. Im gleichen Jahre richten wir in *Gernrode* (Harz), (Februar bis August) ein „Heilpädagogisches Erholungsheim" unter ärztlicher Leitung ein[1]).

Zur besseren Übersicht gebe ich eine Aufstellung von der Zahl der in den einzelnen Jahren verschickten Kinder im Verhältnis zu der Zahl der Erzieherinnen:

1921: 20 Kinder auf eine, nicht vorgebildete Erzieherin.
1922 I: 29 Kinder auf 2 (ausgebildete) Erzieherinnen.
1922 II: 10 Kinder auf 1 (ausgebildete) Erzieherin.
1923: 15 Kinder auf 2 (ausgebildete) Erzieherinnen.
1923 (Gernrode): 12 Kinder auf 1 (psychiatrisch ausgebildete) Leiterin und 1 Helferin.

[1]) Näheres hierüber vgl. Zeitschr. f. Kinderforsch. Bd. 29, H. 2, S. 75.

Die gesammelten Erfahrungen dieser Jahre wurden seither verwertet und ergänzt durch die Einrichtung der Heilerziehungsheime und „Heilpädagogischen Erholungsheime" in *Schloß Ketschendorf* und *Wilhelmshagen* (Siedlung Ulmenhof der Sozialen Arbeitsgemeinschaft Berlin-Ost).

Seit dem Jahre 1925 besteht unser Ostsee-Sommererholungsheim für psychopathische Kinder in *Niehagen*. Nach Niehagen schicken wir einesteils Kinder, die wir vorher nur auf der B.f.H. kennengelernt haben, dann aber auch Kinder aus Schloß Ketschendorf und Wilhelmshagen (27 Kinder in den Sommern 1925/1926). Für die Verschickung dieser Kinder aus dem Dauerheim nach Niehagen waren folgende Gesichtspunkte maßgebend: 1. der allgemeine Zustand des Kindes, für das wir aus gesundheitlichen und erzieherischen Rücksichten Klima- und Umgebungswechsel wünschten; 2. der Wunsch, dem Kind aus dem Dauerheim das innere Erleben des Ferienaufenthaltes (Freiheit—Losgelöstsein vom Alltagsleben) zu schaffen; 3. die Notwendigkeit vor Berufsausbildung oder Arbeitsantritt noch einmal eine gründliche körperliche Kräftigung und ein Alleinmitsichseindürfen, eine Zeit der Pflichtenlosigkeit zu geben. — Besonders zu erwähnen ist noch die Verschickung eines 17jährigen übererregbaren, körperlich und psychisch äußerst labilen Mädchens, das wir seit Jahren in offener und geschlossener Fürsorge betreuen, und das sich in Niehagen auf einen Kursus zur Ablegung der schulwissenschaftlichen Prüfung vorbereiten sollte, und einer anderen 20 Jährigen, die nach bestandenem Heimpflegerinnenexamen 14 Tage in unser Heim zur Erholung kommen sollte[1]).

Zwischen diese geschilderten Versuche mit der Sondererholungsfürsorge für psychopathische Kinder schieben sich einzeln gebliebene Versuche, die immer wieder bei der *Unterbringung psychopathischer* Kinder in *gewöhnlichen Erholungsheimen* gemacht wurden. Mit der Unterbringung *überlebhafter Kinder* wurden die Erfahrungen aus dem Jahre 1920 immer wieder bestätigt. Wir sahen schließlich davon ab, weil in 2 Fällen schwere Unfälle eintraten. Die Erfahrungen mit nicht zu stark *neuropathischen* Kindern in gewöhnlichen Erholungsheimen waren bedeutend besser.

Landunterbringung haben wir mit Erfolg nur bei ganz besonders gut ausgesuchten Kindern in ganz besonders gut ausgesuchten Landstellen versucht. Die Kinder durften nicht zu schwierig sein: sonst bestand die Gefahr bei den überempfindlichen Kindern, daß sie sich ekelten, sich vor großen Tieren ängstigten, auf dem Feld über „die zu heiße Sonne" klagten, beim Hüten einschliefen. Einige lebhafte Kinder stellten schlimme Sachen an: ein überlebhafter Sechsjähriger warf die rasch vor ihm davon rennenden Hühner mit Steinen, schlug die Fenster

[1]) Ihr Lebensgang wurde geschildert: Zeitschr. f. Kinderforsch. Bd. 29, H. 5, S. 376.

ein und versuchte eine Scheune anzustecken, alles das in 3 Tagen. Am 4. Tage wurde er mit Protest zur Mutter zurückgeschickt.

Aus diesen Erfahrungen können wir folgendes *Grundsätzliche* für die Erholungsverschickung psychopathischer Kinder lernen: Die *Zahl* der Kinder, die einer Erzieherin anvertraut werden kann, darf acht nicht überschreiten. Leiter und Erzieher müssen heilpädagogisch vorgebildet sein. — *Ein* Typus Kinder mit den *gleichen* Zügen der psychopathischen Konstitution darf nicht zu einem Transport zusammengestellt werden (z. B. *nur* empfindsame, *nur* lebhafte, *nur* erregbare Kinder), sondern die verschiedenen Elemente müssen äußerst sorgfältig gemischt werden. Wenn nämlich eine Gruppe psychopathischer Kinder allzu stark überwiegt, wird der Ton des Heims unwillkürlich durch deren Eigenart bestimmt, während es unbedingt erforderlich ist, daß der Ton des Heims von der Leiterin ausgeht und das Heim durchdringt; denn gerade im Erholungsheim muß die Grundstimmung eine ruhige und heitere Fröhlichkeit sein.

An Einzelheiten muß noch betont werden, daß — auf Grund von Erfahrungen, die wir im Jahre 1922 machten — die einzelnen Kurperioden sich jetzt *nicht*, wie dies in gewöhnlichen Erholungsheimen geschieht, *brüsk abwechseln*, sondern, daß wir den Aufenthalt der Kinder so verteilen, daß immer ein paar alte Kinder dableiben. So wird von Beginn des Aufenthaltes an eine Tradition: „die pädagogische Atmosphäre“ geschaffen, die über die einzelnen Kurperioden aufrecht erhalten werden kann. Am wohltätigsten fällt dies auf bei den Kindern, die zum 2. Mal ins gleiche Heim kommen und die nun diese Atmosphäre über 1 Jahr hinüber in das kommende tragen.

Bei Einrichtung des Ostseeheims wurde insbesondere von ärztlicher Seite auf die Gefahren des Seeklimas und des Badens für psychopathische Kinder hingewiesen. Wir haben mit dem Seeaufenthalt sowohl bei den zartesten als bei den erregbaren Kindern durchweg gute Erfahrungen gemacht. Wir führen dies auf ein „Strandrezept“ von Prof. *Stier* zurück, das mit strengster Konsequenz durchgeführt wurde:

1. die ersten Tage überhaupt nicht an den Strand gehen,
2. 3 Tage am Strand spazieren gehen,
3. am 12. Tage des Aufenthalts vormittags $^1/_2$ Stunde am Strand liegen,
4. am 13. Tag vor- und nachmittags $^1/_2$ Stunde am Strand liegen,
5. am 14. Tag den ganzen Vormittag am Strand,
6. am 15. Tag den ganzen Vormittag am Strand,
7. bis zum 20. Tag dann ganz am Strand,
8. am 21. Tag das erste Seebad.

Die Durchführung dieses Rezeptes war für die Leiterin nicht immer einfach; solange die Kinder noch gar nicht an den Strand durften und am Bodden spielen konnten, ging es, schwieriger wurde es dann unten am Strande, als die alten Kinder *schon*, die neuen *noch nicht* baden durften. —

Ich komme jetzt zum Hauptteil meines Referates: *Bedeutung und Aufgabe des Erholungsaufenthaltes für psychopathische Kinder vom heilpädagogischen Standpunkt.* Wenn ich hier vom heilpädagogischen Standpunkt spreche, so möchte ich mit diesem Ausdruck die Forderungen miteinander verschmelzen, die aus Wünschen nach körperlicher Erholung und solchen nach pädagogischer Förderung entstehen. Gerade durch die Ergebnisse des Erholungsaufenthaltes haben wir gelernt, wie stark durch den körperlichen Zustand die Äußerungen der psychopathischen Konstitution des Kindes beeinflußt werden, welchen großen Wert der Heilpädagoge stillschweigend auf das körperliche Wohlbefinden des Kindes legen muß.

Die Aufgaben, die hier dem Heime erwachsen, sind äußerst mannigfach, und zwar sind es durchweg Aufgaben heilpädagogischer Art im engeren Sinn. Ich schließe von meinen Ausführungen aus die Forderungen, die in hygienischer Beziehung an jedes Kindererholungsheim gestellt werden — deren Erfüllung halte ich für selbstverständlich.

Worauf muß bei psychopathischen Kindern besonderes Gewicht gelegt werden? Ich spreche zunächst von der Gruppe der *überempfindlichen* Kinder. Ihnen soll durch die körperliche Kräftigung, durch die Möglichkeit des Alleinseins mit sich selbst, innere Ruhe gegeben werden; sie sollen letzten Endes instand gesetzt werden, Herr ihrer Empfindsamkeit zu werden. Je müder, je schlaffer, je angestrengter das Kind ist, um so eher und heftiger empfindet es jeden psychischen und physischen Reiz, um so mehr erliegt es dem Reiz oder gibt ihm nach. Das Kind soll aber psychisch widerstandsfähig gemacht werden, und die Vorbedingungen dafür sind im Erholungsaufenthalt am besten gegeben, weil die übergroßen Reize des Alltaglebens im Erholungsheim wegfallen. Das Kind braucht nicht früh aufzustehen, es braucht nicht in die Schule, braucht keine Schularbeiten zu machen, es braucht nicht ständig mit anderen Kindern zusammen zu sein. Daneben tragen dann die Bedingungen, die die Ferien schaffen, dazu bei, das Kind eine Fülle von Behagen und Wohlbefinden täglich erleben zu lassen: die Bewegungsfreiheit, das Ausschlafen des Morgens, das freie Spiel, das Ferienessen — und darauf haben wir im Erholungsaufenthalt immer besonderen Wert gelegt —, das Bergsteigen oder das Baden. Das, was jeder Tag im Heim selbstverständlich an Regelmäßigkeit, an kleinen Ämtern und Pflichten bringt: anständiges Benehmen und Ruhe bei den Mahlzeiten, Mittagsruhe, geregelte — wenn auch nicht starre — Tageseinteilung, pünktliches Schlafengehen trägt dazu bei, in das gesteigerte Ferienerleben den nüchtern-ruhigen Alltag zu bringen. — Mit der Empfindsamkeit der Kinder ist erfahrungsgemäß oft eine außerordentliche Schlaffheit verbunden, eine Schlaksigkeit der Glieder. Wir haben diesen Kindern gymnastischen Unterricht erteilt (System Dr. *Bode*) und haben damit ausgezeichnete Erfolge erzielt.

Die *motorisch unruhigen* Kinder mit ihrem Drang nach Bewegung brauchen nach unseren Erfahrungen den Erholungsaufenthalt in ganz besonderem Maße. Durch ihre Unverträglichkeit beim Zusammensein mit anderen Kindern, bei den Mahlzeiten, beim Spiel geraten sie in die Gefahr, im gewöhnlichen Kinderheim und auch zu Hause ständig ermahnt und gescholten zu werden. Sie werden dadurch immer reizbarer, immer nörgliger, immer unruhiger. Wir haben bei diesen Kindern zunächst rein äußerlich durch regelmäßiges Liegen nach und vor den Mahlzeiten, besonders aber vor den Mahlzeiten — darauf lege ich entscheidenden Wert — sehr gute Erfolge erzielt. Daneben haben wir versucht, die Reibungen, die durch das Zusammensein mit den Anderen entstehen, besonders zu Anfang, beim Einleben, nach Möglichkeit zu beschränken und den Kindern Arbeiten und Beschäftigungen auszusuchen, bei denen sie wenigstens zeitweise allein sein konnten. All das wäre aber ohne die Freiheit und Ungebundenheit, die man den Kindern soviel wie möglich gönnt, von keinem Erfolg gewesen, denn die Anforderungen, die Konzentration und Ruhe und friedliches Gemeinschaftsleben gerade an diese Kinder stellen, bedürfen eines Ausgleiches.

Eine besondere Rolle spielt der Erholungsaufenthalt bei den Kindern, die durch ein unausgefülltes Interesse, durch eine von außen gehemmte innere Lebendigkeit zu Hause Erziehungsschwierigkeiten machen: Fortlaufen, Schuleschwänzen usw. Ein Junge war im Jahre 1920 7 mal weggelaufen, kam im Jahre 1921 zur Erholung fort, im Jahre 1922 erneut. Von 1921—1922 lief er noch einmal weg, dann genoß er bei uns in Oberschlesien das Alleinwandern, Schwimmen, die Ungebundenheit. Wir haben ihn dann bis 1924 weiter beobachtet; er steht in regelmäßiger Arbeit und ist seither nicht wieder fortgelaufen.

Die Wirkung des heilpädagogischen Erholungsaufenthaltes bei einem lebendigen, zu Hause eingeengten und unausgefüllten Jungen kann ich Ihnen am besten an dem Beispiel eines Jungen erzählen, der im Jahre 1923 mehrere Wochen in Gernrode war.

Der Junge war 1921 einmal von Hause fortgelaufen, wurde dann nach Finnland verschickt; hierauf ging es besser, bis er im Jahre 1923 5 mal hintereinander weglief: er fuhr mit einem Freund in den Harz, um das Gebirge kennenzulernen, war in Berlin Tage und Nächte unterwegs, sah sich Warenhäuser, Spielzeug-Ausstellungen an, hatte für diese Zwecke auch von zu Hause Geld genommen zum Fahren und zur Bestreitung seiner Verpflegung. Wir schickten ihn nach Gernrode, weil er gern den Harz hatte kennenlernen wollen. Es war ein übermütiger, immer heiterer, lustiger, immer singender und pfeifender, neugieriger Junge, bei allen Kindern gleichmäßig beliebt, ihr Anführer in Spiel und Arbeit; im Hause zu allen Hilfeleistungen bereit und zu brauchen, in jedes neue Spiel sofort vertieft, bei allem Feuer und Flamme. Er fand aber auch eine Fülle von Anregungen in Gernrode: Er durfte rodeln, auf dem Pferd eines Fuhrmannes reiten, durfte Einkäufe machen, Holz hacken, abwaschen, den Gesangschor der Kinder leiten usw. Der Junge lief in Gernrode einmal fort, aber aus einem ganz anderen Motiv: er hatte den Kindern eine höchst phantastische Geschichte erzählt und sich so hineinverstrickt, daß er sich nicht mehr herausfand und bloßgestellt wurde. Da waren alle Kinder empört, er schämte sich schrecklich und lief fort: einen ganzen Nachmittag bis spät abends, kam ganz erschöpft nach Hause. Das ist aber auch das letzte Mal gewesen; er kam aus Gernrode in ein normales Pädagogium, ist seit einem halben Jahre zu Hause und hat sich bis heute ohne jede Schwierigkeiten entwickelt.

Das sind kleine Beispiele der *Schwierigkeiten*, mit denen unsere Kinder zu uns kommen. Und in welche Schwierigkeiten bringen gerade die Lebhaften ihre Erzieher: gar nicht aus Ungezogenheit, sondern etwa, weil bei den Hypomanischen die Fülle und der Wechsel der stets neuen Eindrücke den Eindruck einer Ermahnung, eines Verbotes sofort verwischen, trotz allen guten Willens, trotz aller Bereitwilligkeit. Solche Kinder gehen eben trotz immer erneuten Verbotes in die Sanddünen und fallen dabei in tiefe Löcher oder sie schießen mit dem Flitzbogen. Ein Junge, der unbedacht das ausführte, was ihm eben durch den Kopf schoß, sah Seerosen in einem tiefen Wasser und sprang hinein, ohne schwimmen zu können.

Es ist schwierig für die Leiterin, den Kindern alle Freiheiten zu lassen und doch ernste Gefahren für sie zu vermeiden. Deswegen betonen wir für unsere Kinder so stark die innere Verbindung zwischen Erzieherin und Kind. Die Erzieherin muß sich auf den guten Willen des Kindes, ihr zu gehorchen, letzten Endes verlassen können und kann dies nur, wenn sie zu dem Kind in einem persönlichen Verhältnis steht.

In diesem Zusammenhang möchte ich noch von anderen Erziehungsschwierigkeiten sprechen, mit denen die Kinder in den Erholungsaufenthalt kommen und die auch bedingen, daß es eben ein heilpädagogisch geleitetes Erholungsheim sein muß.

Es kommen Kinder, die *lügen*. Sie lügen aus Angst vor Strafe, weil sie sich der Unannehmlichkeit entziehen wollen, und gerade der Erholungsaufenthalt soll das Kind innerlich so widerstandsfähig machen, daß es sich nicht der Strafe zu entziehen sucht, sondern das innere Rückgrat gewinnt, Dummheiten, die es gemacht hat, zu sagen und dafür einzustehen.

Andere Kinder kommen, die *nehmen*. Wir fanden z. B. angebissene Brote unter dem Tisch, angebrochene Schokolade in einer fremden

Kommodenschublade, Geldscheine im Klosett. Die Leiterin des Heimes muß wissen, daß ein solches unsinniges Stehlen im Erholungsheim wohl nie aus Hunger oder aus einem Besitzenwollen geschieht; es ist häufig auf ein psychisches Unbehagen zurückzuführen. Die Leiterin wird an diesem Kind eine besondere heilpädagogische Aufgabe zu leisten haben.

Es kommen Kinder mit *sexuellen Schwierigkeiten*, Kinder, die einkoten, onanieren, die unter Umständen in plötzlich aufwallender sexueller Erregung in einen Eßteller urinieren oder ähnliches. Aus einem gewöhnlichen Erholungsheim werden solche Kinder herausgeworfen! Es gibt auch Kinder, deren Psychopathie sich in einer auffälligen Disharmonie ihrer Reaktionen äußert: Das gleiche Kind, das bei der Mittagsruhe und abends bei dem Krach der Kinder weint, das weint, wenn es abends seine Kleider nicht immer im gleichen Ritus auf den Stuhl legen darf, schimpft laut auf andere Kinder los, schlägt die Türen, trampelt durch die Zimmer, wenn irgend etwas ihm nicht nach Wunsch geht. — Ein 14 jähriges Mädchen konnte morgens nicht aus dem Bett finden, obwohl sie nachts gut schlief, früh zu Bett ging und sie morgens nicht vor $^1/_2$8 Uhr aufzustehen brauchte. Im großen Erholungsheim für normale Kinder wird ein solches Nichtaufstehen als faul imponieren, während wir, die wir das Kind schon seit Jahren kennen und beobachten, durch den Arzt wissen, daß dieses Nichtaufstehen, dieses scheinbare Festschlafen sogar im Erholungsheim bei ihr ein Fliehen vor dem Tag ist.

Die Berechtigung unserer Forderung, daß Leiter und Erzieher des Erholungsheims für psychopathische Kinder heilpädagogisch ausgebildet sein müssen, wird durch alle diese Einzelheiten bewiesen: Wir müssen vom Erzieher die Kenntnis der in der Konstitution des Kindes begründeten Schwierigkeiten verlangen: Die Erzieherin muß die Angst im dunklen Wald, die motorische Unruhe der Kinder, ihre Ablenkbarkeit verstehen. Sie muß bemerken, welches Kind besonders kämpfen muß, um sich im Winter im ungeheizten Zimmer kalt zu waschen; sie muß beobachten können, ob ein Kind aus äußeren Ursachen launisch ist oder ob endogene Verstimmungen vorliegen. Ich sage, sie muß bemerken, und das bedeutet, daß sie alle diese Dinge in ihrem Verhalten dem Kinde gegenüber soweit berücksichtigt, wie es notwendig ist, um den Bogen beim Kind nicht zu überspannen, um es nicht zu überanstrengen; denn durch eine Überanstrengung nimmt man dem Kinde Kraft und Zuversicht zum eigenen Können.

Wir brauchen also, um es noch einmal zusammenzufassen: heilpädagogisch geschulte Erzieherinnen, solche, die gelernt haben, zu beobachten, die das richtige Maß von Beachten und Übersehen zu finden wissen, die das so günstige Milieu des Erholungsaufenthaltes zu nützen verstehen in der Gewährung von Freiheit und Bindung, Gemeinsamkeit und Alleinlassen, Schonung und Anspannung, Spiel und Arbeit.

Bei kaum einer Art der heilpädagogischen Beeinflussung findet der Erzieher eine solche innere Bereitschaft zur Beeinflussung auf seiten des Kindes und auf seiten der Eltern wie beim „Heilpädagogischen Erholungsaufenthalt“.

Eltern und Kinder freuen sich schon wochenlang vorher: es werden die erforderlichen Vorbereitungen getroffen, es kommt die Reise, die neue Umgebung. Die Kürze der zur Verfügung stehenden Wochen gibt dem Erzieher das Recht, eine Fülle von Freuden und frohem Erleben in diese Zeit zu bringen. In Schlesien durften unsere Kinder beim Kirschensammeln helfen, einige sogar zum Pflücken mit auf die Bäume klettern. Daneben kommen Ereignisse wie Schützenfest, Fußballturnier und Tonnenschlagen; man nimmt sich 2 oder 3 Große und wandert mit ihnen einen ganzen Tag lang, man nimmt ein Kind mit zum Abendspaziergang. Ein jetzt 16jähriger Junge sagte damals nachdenklich: Ob für mich wohl je wieder eine so schöne Zeit kommen wird? Und wenn er vom Heim erzählt, so ist der Höhepunkt eine Wanderung, die er und ein anderer Junge allein mit der Erzieherin machen durfte. Und gerade dieses bewußte Erlebenlassen einer schönen Zeit, verbunden mit der intensiven körperlichen Erholung gibt Gelegenheit, die Kinder für ihre Schwierigkeiten einsichtig zu machen, läßt sie wünschen, diese Schwierigkeiten, die von ihnen selbst als störend empfunden werden, zu überwinden.

Über Schwierigkeiten beim Einleben nach der Rückkehr aus den Ferien ist selten geklagt worden. Bei den Kindern, die von zu Hause in ein Erholungsheim geschickt werden, erleichtert die Freude des Heimkommens, des mit bestem Willen Neuanfangens und das Ausgeruhtsein auf seiten von Eltern und Kind das Wiedereinleben. Trotz aller Schwierigkeiten, die das Kind vorher bereitet haben mag, ist bei dem Heimkommen immer großer Jubel. Aber auch die Kinder, die aus den Ferien ins Dauerheim (Heilerziehungsheim) zurückkommen, haben bis auf eine Ausnahme verstanden, daß man nicht immer Ferien haben kann. Und schließlich: das Ferienerlebnis knüpft das Band zwischen Entsendestelle (Beratungsstelle für Heilerziehung), die ihnen dies Erlebnis gewährte, einerseits und Eltern und Kind andererseits besonders fest; das ist wichtig für die weitere Heilerziehung: denn Kind und Eltern müssen das Vertrauen haben, daß alle weiteren heilpädagogischen Maßnahmen, die durch die Beratungsstelle eingeleitet und durchgeführt werden, der Kenntnis des Kindes und seiner Entwicklungsmöglichkeiten entspringen.

Die positive Förderung des einzelnen Kindes ist ja nur ein Ziel des Erholungsaufenthaltes. Ein anderes ist die Verbindung zwischen der Beratungsstelle für Heilerziehung und dem Kind sowie dessen Eltern. Überall da, wo wir nach dem ärztlichen Gutachten und dem eigenen

Eindruck sowie nach den Beobachtungen im Erholungsheim eine weitere Betreuung, ein Inverbindungbleiben, die Fortsetzung der begonnenen Beeinflussung für notwendig halten, können wir ganz selbstverständlich die durch den Erholungsaufenthalt geknüpften Verbindungen halten oder enger knüpfen. *Das Wichtigste hieran aber ist, daß diese Verbindung nicht an die peinlichen Erlebnisse der Erziehungsschwierigkeiten, sondern an das freudige Erlebnis des Erholungsaufenthalts geknüpft ist.*

In einzelnen Fällen stellte sich im Erholungsheim und bei der darauffolgenden, besonders intensiven Beobachtung des Kindes im häuslichen Milieu durch eine Schutzaufsicht heraus, daß eine längere Heilerziehung erforderlich sei. Die Anträge hierfür können auf Grund unserer eingehenden Beobachtungen gestellt werden. Der heilpädagogische Erholungsaufenthalt dient so gewissermaßen als Beobachtungsstation.

Ich erwähnte, daß in Ketschendorf und Wilhelmshagen gleichzeitig Dauer- und Erholungskinder untergebracht werden. Nach dem Vorhergesagten könnte es scheinen, als ob die Grundvoraussetzungen für den Erholungsaufenthalt nur in dem Heim gegeben sein könnten, das sich lediglich auf die Erholungskinder einstellt. Das ist nicht der Fall. Für die Kinder, die für 2—3 Monate zur Erholung in das Dauerheim kommen, tritt ja auch durch die Unterbringung wieder der Umgebungswechsel, der Kostwechsel, die Tageseinteilung des Erholungsheims ein. Außerdem erhält das Erholungskind durch den für jedes Kind auch im Dauerheim besonders eingeteilten Tagesplan durchaus seine Sonderstellung, die schon dadurch betont wird, daß, wenn die Erholung Schwerpunkt ist, der Schulbesuch fortfällt. Andererseits bringen wir gerade die Kinder, die eines mehrmonatlichen Erholungsaufenthaltes bedürfen, gern im Dauerheim unter wegen des Unterrichts, der dort in kleinen Gruppen für die Kinder, die nicht zur Schule gehen, erteilt wird. Die Kinder haben, vordem sie zu uns kommen, sehr häufig Schulschwierigkeiten, sei es, daß sie die Schule geschwänzt und Dummheiten gemacht haben, sei es, daß sie wegen körperlicher Zartheit und Empfindsamkeit nicht recht mitkommen. Ein längeres Versäumen des Unterrichts durch die Verschickung würde häufig die Gewährung eines Erholungsaufenthaltes mit Rücksicht auf das spätere Fortkommen des Kindes in Frage stellen.

Ich sprach anfangs die Hoffnung aus, daß Sie nach meinem Vortrag von der Bedeutung der Erholungsfürsorge im Rahmen der Heilpädagogik überzeugt sein würden. Seine Vorzüge möchte ich noch einmal zusammenfassen und hervorheben:

1. Es handelt sich bei ihm um eine Maßnahme, der Eltern, Kinder und Erzieher gleich freundlich gesinnt sind, die Eltern und Kindern erwünscht ist, gegen die kein Widerstand besteht.

2. Er entfremdet die Kinder nicht dem Elternhaus, sondern gibt Eltern und Kindern Gelegenheit, sich mit neuen Augen zu sehen.

3. Er gewährt körperliche Kräftigung, psychische Förderung, eine innere Bereitschaft zur Arbeit an sich selbst.

4. Die Kosten sind — da für verhältnismäßig kurze Zeit und wegen der Vereinigung von ärztlichen und pädagogischen Maßnahmen durch die verschiedensten Kostenträger nicht allzu schwierig aufzubringen. Und nun noch ein kurzes und ernstes Wort zum Schluß:

Das Wort „Fürsorge" ist in den letzten Jahren ein wenig in Mißkredit gekommen, es wird damit verbunden der Begriff einer Hilfsbedürftigkeit, einer Unselbständigkeit, ja eines unwillkommenen Eingriffes Fremder in das Familienleben. Sie haben schon aus Prof. *Homburgers* Vortrag gehört, wie schwer es ist, gerade den Kreisen des gebildeten Mittelstandes bei Erziehungsschwierigkeiten ihrer Kinder geeignete Hilfe angedeihen zu lassen, weil sie, mißtrauisch gemacht durch allerlei äußere Bedrängnis, sich nun gegen alle Hilfe stemmen, die auch nur von ferne an eine „Fürsorge" mahnt. Die anderen, die proletarischen Kreise haben gerade, wenn ein Kind Erziehungsschwierigkeiten macht, die es mit dem öffentlichen Leben in Konflikt bringen, ein Mißtrauen nach der anderen Seite: man könnte ihnen das Kind als „verwahrlost" wegnehmen. Diesen Schwierigkeiten begegnet der heilpädagogisch geleitete Erholungsaufenthalt. Das Kind, das gewöhnt war, daß man es auf seine Erziehungsschwierigkeiten hin straft, ihm Vorhaltungen machte, hat das — jeden Trotz, jede Gegeneinstellung — entwaffnende Erlebnis, daß auf eben diese Schwierigkeiten nun von seiten des Heilpädagogen eine Reise, ein Erholungsaufenthalt folgt. Eine Tatsache, die vom pädagogischen Standpunkt aus nicht stark genug unterstrichen werden kann, weil sie dem Erzieher die innere Bereitschaft des Sichführenlassens im Kinde schenkt.

Aichhorn spricht in seinem pädagogisch so schönen Buch: „Die Psychoanalyse in der Fürsorgeerziehung" von einer „praktischen Psychologie der Versöhnung". Diese praktische Psychologie der Versöhnung können wir durch den Erholungsaufenthalt am schönsten anbahnen. Wir können durch ihn das Vertrauen des Mittelstandes, das des Proletariats und das der Kinder erwerben, die wir führen sollen, und ich glaube, daß gerade dieser Gedanke der Versöhnung für die Jugend, für das Proletariat und den Mittelstand mit den Organen der Fürsorge heute etwas äußerst Wünschenswertes ist.

An der Diskussion zu dem Vortrag: „Erholungsfürsorge für psychopathische Kinder im Rahmen der Heilpädagogik" beteiligten sich: Prof. *Gregor*, *L. R. Roscher-Schmidt*, Breslau, Direktor *Pietzsch*, Prof. *Homburger*, Heidelberg.

Dr. *Stegemann*-Bunzlau: Die Redner waren sich im Einvernehmen mit der Referentin darin einig, daß für psychopathische Kinder mit erheblichen Erziehungsschwierigkeiten besondere Erholungsheime geschaffen, und daß diese

Heime von besonders vorgebildeten Erziehern geleitet werden müßten. Auch von den Diskussionsrednern wurde geklagt, daß in den Personalbogen für die Verschickung Schwierigkeiten der Kinder nicht genügend geschildert würden (wohl um die Verschickung nicht scheitern zu lassen. Anm. des Herausgebers). *Stegemann* teilt als Beispiel mit, daß ein Kind, welches aus der Schule ins Erholungsheim geschickt wurde, so stotterte, daß es zeitweise nur singend sich verständlich machen konnte. Auf dem Personalbogen war nichts von dieser Schwierigkeit erwähnt. Über bedeutsame Erfahrungen mit der Erholungsfürsorge für solche Kinder, die sich bereits in Anstaltserziehung befinden, wurde von Direktor *Pietzsch* berichtet. Neben der Verschickung von Kindern sind von ihm während der großen Ferien „Freizeiten" in der Anstalt eingerichtet worden. Die regelmäßige Hausordnung wurde aufgehoben, eine ganz veränderte eingeführt. Die Kinder bekamen viel mehr Freiheit, eine andere, ferienmäßig ausgestaltete Verpflegung. Es wurden während dieser „Freizeit" Wanderungen von mehreren Tagen unternommen, auch sonst besonders viel Sport getrieben."

Pietzsch berichtet über besonders günstige Erfolge mit diesem Versuch: „Die Kinder seien ganz anders gewesen als sonst: Ängstliche, Zurückhaltende seien geradezu übermütig geworden, Unverträgliche seien gut mit den anderen ausgekommen, Nachlässige, Arbeitsunwillige haben sich mit Freuden zu allen vorkommenden Arbeiten gedrängt. *Pietzsch* hebt auch die Wirkung einer solchen „Freizeit" auf das weitere Verhalten der Kinder hervor, vor allem aber auch auf die Stellung der Eltern zur Heimerziehung. Von ihm, aber auch von den anderen Rednern wird die günstige Wirkung der körperlichen Kräftigung auf das psychische Verhalten der Kinder unterstrichen.

Homburger weist besonders auf die Erholungsfürsorge für die (psychopathischen) Schulentlassenen vor Berufsbeginn hin; dabei betont er, wie sehr diese Kinder vor ihrer Schulentlassung noch durch die Einsegnung aufgeregt werden, wie sie „durch den entscheidenden Aktus, vor Gott zu stehen, nervöser sind als sonst" und wie auch hier eine kurze Erholungsfürsorge fruchtbringend wirken kann.

Stegemann fährt fort: Für die Kinder bedeutet der Erholungsaufenthalt einen sehr wesentlichen Gewinn für ihr eigenes Leben. So manches kommt heraus, was verloren und verschüttet schien, daß ein gut Teil des naiven Wesens erkennbar wird, von dem man häufig nur so außerordentlich wenig merkt, daß man meint, die Kinder hätten ihre Naivität wirklich in dem Maße verloren, wie es uns im gewöhnlichen Leben scheint. Und da wir ja alle darauf angewiesen sind, in Zeiten, wenn wir uns erholen wollen, auf die naive Grundlage unseres Wesens zurückzugehen, so werden wir einsehen, was einem psychopathischen Kinde der Erholungsaufenthalt auch in dieser Beziehung bedeutet.

GPSR Compliance

The European Union's (EU) General Product Safety Regulation (GPSR) is a set of rules that requires consumer products to be safe and our obligations to ensure this.

If you have any concerns about our products, you can contact us on ProductSafety@springernature.com

In case Publisher is established outside the EU, the EU authorized representative is:

Springer Nature Customer Service Center GmbH
Europaplatz 3
69115 Heidelberg, Germany

Batch number: 10844655

Printed by Printforce, the Netherlands